客庄生活
影像故事

定格美濃

劉安明

劉安明
攝影

黃智偉
撰文

讓大家看到客家

影像紀錄是文化傳播的重要工具，代替人類有限的視覺，在不同的時代見證社會各個階層的發展，從而引發人們對於過去的歷史文化有更深一層的探索與感動。

從前輩客籍攝影家鏡頭下的精采畫面，尤其是 1930 年代到 1960、70 年代間，鄉土紀實攝影極盛時期的作品，不僅讓我們得以窺見早期台灣客家的歷史足跡，體會客家文化的傳世價值與質樸精神，同時也提供研究台灣攝影史發展脈絡的寶貴資源。

本會「客家文化發展中心」，在其前身籌備處階段，即持續推動「20 世紀（1975 年之前）臺灣客籍攝影家調查暨數位典藏計畫」，並將其內容延伸為出版成果。首先推出「客庄生活影像故事」系列叢書，蒐錄了包括：鄧南光、李秀雲、劉安明、李增昌、張阿祥及硬頸攝影群等多位具代表性的客籍攝影家的數百幅影像作品。

這些泛黃而珍貴的「老照片」，透過多位優秀文史工作者的深度詮釋，與專業編輯團隊的企劃整編，無形中為昔時客庄生活影像，做了一次精采的圖文呈現。不僅提供了觀照客家的最佳視野，也足堪為最好看的文化資產。

欣見「客庄生活影像故事」問世，讓讀者既能瞭解攝影家的傳奇生平，又可感受攝影家對人、對土地，以及對生活的深情注目，進而尊敬他們堅持不懈的創作態度。

期許本叢書的出版，能夠全面展現客家豐富且多元的面貌，讓大家看到客家！

行政院客家委員會 主任委員

黃玉振 謹誌

凡例

1. 本叢書主要影像作品源自「行政院客家委員會客家文化發展中心」於其籌備階段時所推動之「20世紀（1975年之前）臺灣客籍攝影家調查暨數位典藏計畫」，並經攝影家本人或其代表人同意授權出版。

2. 本叢書之架構，主要包含：導論、影像作品解讀、攝影家年表、圖版索引等幾個部分。

3. 本叢書文圖版面之設計，以右頁影像作品、左頁詮釋文本為原則；當影像為連續性主題者，則以多頁集錦連作之版面呈現。詮釋文本之主標下方特別標示影像拍攝之年代與地點。與影像及詮釋文本有關之對照圖、歷史文獻、特別解說，則視內容需要穿插呈現。

4. 部分影像作品由於拍攝年代較早，或收藏條件之限制，以致出現髒點、霉斑或刮痕等情形，實非攝影家創作之原貌，因此為儘量呈現畫面的完整性，且兼顧視覺的美感，而適度加以修補圖像。唯有少數影像受損程度甚難改善，但因拍攝內容極具意義，值得進一步解讀，仍保留現況選入書中。

5. 為呼應本叢書彰顯客家生活文化的題旨，內文主標在遣詞用字上，亦儘量表現客語之趣味，常見者如：華語「的」作客語「个」、「是」作「係」，「和」作「摎」或「同」、「我」作「偓」、「他」作「佢」、「母」作「姆」、「要」作「愛」、「挑」作「核」、「小孩」稱「細人（仔）」、「一次」為「一擺」、「一起」為「共下」等等。其他使用到的客語字詞，則於內文視情況以括弧加註、註釋等方式解釋字義與用法。為方便閱讀，註釋採「隨頁註」形式，直接放在正文之後，但以明顯較小的字體與之區隔。

6. 客語之用字，以教育部「臺灣客家語常用詞辭典」為優先參照版本，四縣腔（南、北）、海陸腔若有不同用字，則依照影像拍攝之地域而選擇運用。

7. 內文之歷史時代分期，以「清代」、「日本時代」、「光復後」為標示原則。年代標示以西曆為主，除了清代紀年以括弧加註之外，不另標示日本時代、光復後至今之紀年。

8. 中文之通同字，使用現今通行之較為簡化者，如金額之「圓」作「元」、「佔」作「占」、「份」作「分」等。關於罕用字「蕃」，本叢書也改成現行通用的「番」，即使是專有名詞（如「蕃」童教育所）也不例外，以避免因混用而造成的困擾。此外，為尊重歷史用語，並顧及語詞意義的完整傳達，不可避免地使用「番地」、「番社」等辭彙，並非有歧視之意。

目次

心無雜念个
寫實家

劉安明的田野紀實

我習慣用 28mm 廣角鏡逼近主體，抓取對比
性強或夾帶諷喻的幽默性影像，呈現出觀察者
的立場，如果說對社會有所批評也是心存善意
的。——劉安明

劉安明，1928 年出生於屏東海豐庄。海豐
是一個閩南人聚落，劉安明在講福佬話的環
境中長大，卻有著客家的血統。公學校畢業
後到潮州的照相館當學徒，後來又到屏東市
找工作，先後在日本陸軍經理部、屏東市政
府、美軍顧問團等各單位任職，但卻一直沒
有穩定下來，21 歲那年失業，回到海豐老
家，耕田養鴨度日。

務農的生活並未持續一年，劉安明決定重溫
舊業，到內埔大哥經營的照相館學習修片、
沖印等攝影技術。他的學習能力很強，不到
一年時間就能獨當一面，轉戰左營、岡山、
高雄市、屏東市等地的照相館，當起照相師
傅。28 歲那年，也就是他入行六年之後，
結束受聘生涯，自己在屏東市中正路開照相
館。這年他也結婚了，可謂事業家庭皆如意。

就這樣平順發展下去，劉安明不過就是個照
相館老闆，不會成為攝影家。然而，劉安明
不只把攝影當作餬口工具，而且也認真思索
這個技巧的意義。開照相館的隔年，他與同

好共同籌組「屏東縣攝影學會」，以參加攝影賽為目標，向照相器材行借相機出外獵取鏡頭。1959年得到日本「櫻花」攝影賽入選，此後連續幾年參加各項攝影比賽都獲獎。到這個階段，劉安明已經被公認為一位「攝影家」了！

1962年，劉安明終於買了生平第一部可攜式單眼照相機，他的創作生涯進入新的階段。在此之前，他在相館裡使用的是架在三腳架上的蛇腹木造相機。相館裡的照相師傅是攝影棚與暗房裡的技術家，他們的技巧是不能「攤在陽光下」的。可攜式相機不但昂貴，而且很難買到，特別是在南台灣的屏東，劉安明這台相機還是託人從香港帶回來的呢。

相機只是工具，內容才是創作的核心。先前雖然屢獲攝影比賽的肯定，但比賽的評審常是有特定偏好的；有時候得獎只是肯定這個作品「符合潮流」，甚至意味著作品媚俗討喜罷了。攝影家的創作理念和成就，絕對不是靠獎盃堆砌起來的。劉安明追求「寫實攝

◀◀劉安明於海豐公學校畢業時與同學合影。（劉安明提供）

◀劉安明載著妻子一起去拍照。（楊文明攝於美濃，1966，劉安明提供）

▲海豐庄的三山國王廟，劉安明在這個村莊長大。

▲▲▲五溝水劉氏宗祠，這村子是劉安明祖父的故鄉。

▲▲撐著油紙傘的美濃婦人。

▲民間信奉的石臼神。

影」，當然非得擁有一台隨身相機不可。

除了相機之外，交通工具也是關鍵。從屏東市內自家住宅出發，最晚在凌晨三點就得跨上鐵馬，這才趕得及到三地門山腳下拍攝日出。要到美濃拍攝農村的清晨，那就得前一天先到美濃找間旅館落腳。直到他存夠錢，買了一台山口牌 50cc 摩托車後，劉安明才能在美濃、內埔、萬巒、三地門、東港等地隨意拍攝，有時甚至還遠征恆春半島。

古與今的遞嬗

劉安明在閩南人村落長大，謀職及開業的地方都不是客家地區。他的祖父母那輩原本住在五溝水，祖父在 1895 年的戰亂中喪命，祖母帶著父親逃離五溝水，輾轉停留過幾個客家村莊，最後到海豐才安定下來。海豐位於客家與閩南聚居的交界，劉安明就在這交界上成長。

投入「寫實攝影」的劉安明，攝影現場並非全在「客家庄」。他不是一個「為客家而客家」的人，他心中追尋的只是如何透過鏡頭呈現真實的世界。他的足跡遍布屏東平原，拍照現場有客家庄的五溝水、美濃，更有閩南地區的東港、萬丹、潮州，甚至也有山地部落。其中，他在五溝水和美濃找到了豐富的客庄生活面貌。

五溝水是劉安明祖父的故鄉，他父親年少時還多次往返五溝水與美濃之間。或許是因為這層淵源，他的鏡頭流連此地。的確，五溝水是個攝影的好現場。這個村莊行政上隸屬萬巒鄉，沒有任何一條省道或縣道通過，交

通位置不佳，現代化來得晚，馬路沒拓寬、房屋未改建。劉安明在這裡拍攝傳統建築，為客家庄留下珍貴面影。

水是農村的命脈，五溝水在這個部分亦是得天獨厚。濱溪而建的村落所在多有，但五溝水這條溪發自泉水，源頭距離村莊不遠，因此水質異常清澈。在1960年代，台灣各地因為人口增長及農業灌溉發達，即使工業尚未起飛，溪流的水量和水質已經開始惡化了。當清澈的小溪成為記憶中的鄉愁，五溝水卻仍保有豐沛的好水。水上的石橋、清流裡的鰻魚籠，都被劉安明攝入鏡頭。

▲東港迎王平安祭的請水儀式。

至於美濃，這個赫赫有名的客家庄，是劉安明攝影的另一個重點。美濃位於屏東平原上，但行政區劃卻不屬於屏東，而歸高雄縣管轄。這個六堆中「孤立在外的那一堆」，同樣因交通位置偏僻，保留許多傳統面貌。例如拄杖撐傘在田裡工作的農婦、綁著特殊髮髻的老婦人……都是美濃的「名產」。當然，這些景象原非美濃獨有，不過其他地方由於時代變遷已經消失，卻在美濃保留下來成為活化石。1960年代這些民俗已近尾聲，攝影師拍到的也都是上了年紀的人。

此外，有些並非客家獨有的元素，也被貼上客家標籤，例如溪圳洗衣、油紙傘等。這兩項原本是農業社會司空見慣之事，且不說台灣閩客盡皆如是，甚至華中、華南等地也很普遍。當塑膠傘與洗衣機普及開來，美濃又成為紙傘與水邊洗衣的最後「棲地」，攝影師們紛紛前往獵取鏡頭。

除了日常生活，美濃的節慶祭典也很有特色，尤其是廣善堂的「恭送聖蹟」儀式。在客家聚落，常常可見焚燒字紙的聖蹟亭，原不足為奇。不過，美濃廣善堂卻有一獨特的祭典，每年在正月初九舉辦「恭送聖蹟」儀式，將一年來累積的字紙灰燼，扛到溪畔付諸流水。高屏地區的客家村落，僅有廣善堂和六龜勸善堂有這種儀式。劉安明對於各式祭典很感興趣，東港的迎王祭、潮州的三山國王進香，他都花費很多心血拍攝。相對於一般廟會人山人海鑼鼓喧天，「恭送聖蹟」行列安靜而樸實，劉安明不嫌繁瑣地全程記錄，不放過任何細節，這是他慧眼獨具之處。

高樹鄉大路關的奇特石獅信仰、新威水仙宮的日本神社造型、路旁山壁上的九天玄女巖、茅草屋自有主張的神像石臼群，林林總總的怪異信仰，劉安明都特別關注。從田野的歷練中，他已掌握「寫實攝影」的真髓。現實是流動的、變遷中的、多面向的，原本就不可能被單一瞬間的取景呈現出來。田間撐傘和髮髻可以拍到畫面，證明她們是存在的，但表現的是一種過去的、即將消逝的存在。恭送聖蹟的儀式古典莊重，表達的是一種成熟的存在。路旁的「邪祀淫祠」和不明教義的胡亂崇拜，則是未來的、尚未取得正

◀◀五溝水的石板橋。

◀三山國王廟廟會陣頭。

▲水牛和養鴨場的鴨群，劉安明年輕時曾養鴨為生。

▲ 東港溪填海造陸工程。

▶ 女工下田去。

統的存在。只要存在，就是現實。寫實攝影可以表達各種類型的現實存在，千萬不要被刻板印象與流行理念給限制住了！

農與工的交融

屏東平原日照充足、灌溉便利，自古以來就是富饒的農業區。進入 20 世紀，製糖會社投入鉅資將不毛之地闢為蔗田，合同會社則利用台地種植鳳梨。青果合作社自己雖未開疆拓土，但藉由獨占銷路掌控蕉農，宛如一大企業集團。到了 20 世紀中，政府花大錢推動的防洪與水利工程展現成效，刺激了米糧增產。從太平洋戰爭到反共抗俄年代，政府牢牢抓緊稻米與雜糧生產，透過農會執行糧食、肥料的管制，進而鼓吹各種輪種、間作，將農地利用與農民勞力推向極致。

劉安明的攝影作品，正好反映 1960 年代屏東農業巔峰，以及 70 年代盛極轉型。他的作品中有大量的農事即景，除了稻米的耕耘收藏，還有大豆的收成。此外，香蕉、鳳梨的生產包裝，溪邊的養鴨人家，水裡的摸魚抓蝦，都逃不過他的「單鏡頭」。

劉安明就讀於海豐公學校時，曾利用暑假到海豐農場打工。海豐農場是高屏溪整治計畫的成效之一，破土那年，劉安明正懷在娘胎中。等到他上公學校，該計畫基本完成。除了消滅水患外，最重要的目的是創造河川新生地，總面積超過一萬甲。海豐村落北邊的武洛溪，在此計畫中因上游被奪而「斷頭」，乾涸的河床放領給台灣製糖株式會社，由旗下的屏東糖廠開闢成「海豐農場」。

什麼是農場呢？農場是現代化的大規模集約農墾組織，土地所有權屬於大資本企業或政府機構，從事農作的人則為企業雇工，理論上以機械作業為主。農場與農工的關係，就和工廠與勞工、公司與員工的關係一樣。

有多少農場呢？隨便舉例便是一大串。合同鳳梨公司農場，光復以後改為台灣鳳梨公司農場。歷史最悠久的三五公司南隆農場，光復後改屬退輔會，就是今天的「高雄農場」。至於種植甘蔗的，則有旗尾糖廠轄下的手巾寮農場、屏東糖廠轄下的海豐農場，簡直不勝枚舉。還有千歲村，這是種菸草的日本移民村。早在日本時代，美濃、高樹一帶的客庄子弟，

就已經開始在農場裡頭打工了。論打工，這裡獨步全台！最後，農民不必離鄉，一邊務農一邊打工。而農場不必聘僱薪水高的全職工，只需找索價低廉的女工和童工就好了。

你要找好工人嗎？那得先找對工頭！工頭會幫你找到好工人，會幫你管理工人，會幫你指導工人，記得薪水要全部交給工頭，剩下的由他幫你處理！劉安明真是厲害，他拍到清晨工人集合的畫面、工頭領班下田的畫面，還有工人從事農作、吃飯休息等畫面。這些現場都是極為偏僻的地方，而且必須先摸清楚各種勞務的作息，才能拍到想要的鏡頭。任何人只要親臨現場看看，一定會佩服劉安明。在那廣闊沒有邊際的新生地上，路跡淹沒在荒草之中，工人下田後就像雨水滴到大海裡，連個鬼影子都沒有！

除了農場的工作之外，還有許多零星的「內需」工業。其產品乃本地日常生活所需，尚未脫離手工業，有別於生產線式大量製造的工廠商品。從最傳統的做牛軛，到因應新時代需求，專門製造水泥窗的小工廠。此外，量產磚頭的八卦窯，預告了農村風貌即將改變，磚造樓仔厝成為現代生活的新住宅。

工業製造講究流程，材料和勞力的搭配有其邏輯。劉安明再度展現天分：他總是能抓到每種生產製造的流程，在生產節奏中適當地占據拍攝位置，適時地按下快門。這就是「寫實攝影」往往被人忽略的一個面向，以為「實」是靜止不動的，低估了「寫實」的難度與深度。劉安明自稱攝影要「三快」——眼快、心快、手快，這真的是寫實攝影所必備的功夫。

主與客的相對

美濃位於屏東平原，但卻不屬於屏東縣。過去美濃對外交通的唯一路線是透過旗山，而旗山鎮屬於高雄縣，美濃自然也被劃歸高雄了。奇怪的事情還不止這一樁。楠梓仙溪以東的一大塊土地，明明和美濃是「一塊兒」的、完全相連的平原，但行政上卻莫名其妙屬於一水相隔的旗山鎮。原來這裡從日本時代就是旗尾糖廠所屬的農場，只好跟著旗尾糖廠歸屬於旗山鎮。

這些怪事看似無關緊要，卻透露了邊陲地帶的特殊性。這塊地北以旗尾山為界，東荖濃溪、西楠梓仙溪、南隘寮溪，三條凶暴無常的溪流緊緊包圍著美濃，成為不折不扣的「陸上孤島」。這三條溪共同構成高屏溪的上流，各自承接北、東北、東三個方向山區匯集的雨水。說是三條溪其實是有語病的，它們在地表上分分合合，總計不下十幾條水流。在歷史上我襲奪你、你吞併我，沒有永遠的輸贏。

三條網狀漫流的大溪，不但水流無定，而且挾帶驚人的砂石和漂流木。2009 年莫拉克颱風造成的八八水災，放到歷史上來看，不值得大驚小怪。日本時代一方面為了整治高屏溪，一方面「垂涎」廣大的河川新生地，於是促成了高屏溪整治計畫。計畫完成後，這孤島更加孤立了。過去因為水勢分散，雖然沒有橋樑，但人馬仍可徒步涉水而過。美濃往東南聯絡高樹、三地門，或者往南聯絡里港，都有許多路徑，勉強能夠通行。整治之後，萬流歸一，水勢大不可當，渡河更加

◀劉安明不忘在日常生活中即興取材，這是兼程趕來偷看馬戲團表演的一家三口。

▲劉安明拍下攝影師到部落「獵影」的畫面。

困難。劉安明在這裡拍攝到罕見的客運流籠，穿洋裝撐洋傘的仕女使用這種原始的交通工具。

水勢最緩的楠梓仙溪，把旗山鎮一切為二。隔溪相望的溪洲和南隆，居民為了通學搭蓋簡易竹橋；給車子走的過水橋，每逢大雨就要交通中斷。這些地方特色鮮明的題材，劉安明也都精準掌握到了。不過，美濃主要的交通管道是台糖鐵路。這條客運路線起始於台鐵九曲堂站，經過最大站旗山後跨越楠梓仙溪，來到旗尾糖廠，後段再延伸到美濃。就台糖而言，這條路線的目的是輸出糖，旗尾往美濃這段尾巴純粹是服務鄉里用的。光復後客運逐漸普及，終於取代小火車。就在鐵路停駛拆除前，劉安明幫它們留下最後的「遺照」。

打從1736年客家人來到美濃，日久他鄉變故鄉，客家人也成為這陸上孤島的主人了。進入20世紀，孤島上又來了新的「客人」，他們是三五公司從苗栗招募來開墾南隆農場的，美濃人管他們叫「台北客」，意即北部來的客家人。1930年代河川新生地浮現，台灣總督府從日本招募農民，攜家帶眷到這裡建立「千歲村」，由專賣局配合教導他們種植菸草。這些日本人光復之後離開台灣，菸草田由里港的閩南人就近承接，直到1960年代紛紛將種菸牌照脫手，這才開啟了美濃的菸草盛世。相較於世居此地的美濃人，千歲村日本人更像「客」家。

日本人前腳剛走，更新一批「客家」接著就來，包括退役的外省榮民、滇緬義胞等。當年日本企業的農場，被政府接收過戶到退輔

會手裡，授田給解甲戰士們耕作。更戲劇性的還在後頭，那就是「隘寮山地重建方案」。這個方案在三地門堤防腳、舊隘寮溪河床正中心上，建起了三座「山地村」，容納排灣和魯凱族原住民。此番原住民下山不是出草，竟是安居落戶，要成為平地人。文化的差異造成種種突兀的現象，一一被劉安明攝入鏡頭。最為吊詭的是，牧童與牛車這些正牌「純」漢俗，到了 1960 年代平地已不多見，反倒被下山的原住民接收去了。劉安明在此拍到許多佳作，那些天真無邪的牧童，正是排灣族。漢俗變成「番」俗，多麼有趣！

主與客、漢與番並非絕對，而是相對的！觀念與成見永遠落後現實，只有心無雜念地「寫實」，才能拍攝出誠實有意義的作品。

這，正是劉安明的「寫實攝影」！

◀ 布袋戲台，劉安明找到最好的取景位置，巧妙地結合了前台、台上、後台三個空間。

▲ 鹿港天后宮內，眾人閒適自若，好像攝影師不存在一樣。

古與今

穿藍布衫綁髮髻的老婆婆是古，
穿洋裝燙頭髮的女子是今。

在圳溝裡玩水的野孩子是古，
上安親班的學童是今。

竹子土磚造屋是古，
鋼筋水泥加鐵窗是今。

在河邊圳溝裡洗衣是古，用洗衣機是今。

竹橋是古，摩托車是今。

「今」總有一天會變成「古」，而「作古」
了的有可能在未來重生。

美濃送聖蹟的儀式，就是一種文藝復興。

高樹鄉「作古」了的老石獅，有心人在
一百年後把它從地下挖出來，三代石獅同
鎮大路關，更是一種奇妙的古與今。

細人仔
向上爬

1967
屏東內埔

夏日戲水的頑童哪裡找？首先，得要找到離村莊近的水域，海邊或大溪流都不可能，村子旁邊的圳溝或池塘可能性較高。因為離家遠的地方，容易迷路，且無法聚集熟識的玩伴。那麼池塘怎麼樣？不行，池塘內通常有淤泥，甚至有鴨子或其他禽鳥出沒，水中的「有機物」太多。水流迅速又乾淨的圳溝，才是戲水的最佳場所。圳溝分為「圳」（供水）與「溝」（排水）兩類，前者渠道窄而深、水勢湍急，後者渠道開闊，水勢和緩。只有少數藝高膽大的頑童會去挑戰圳，一般小孩則都是在排水溝玩水的。

這張照片就是在排水溝拍攝的，其美感來自強烈的亮暗對比與裸體身軀的動感。強烈的亮暗對比，歸功於一整片耀眼的水花。這只有透過水泥造的工整「跌水」（階梯狀水路），才有可能營造。現代化人造水泥排水溝，才能創造極寬的水面與極淺的水深，孩童們也才能如此踏著水面跬蹌溯行。排水溝中為何設計這麼一段階梯跌水呢，答案就在出了相片框左邊之外，我們看不到的那個分水閘門，做為放水口下游減煞水勢之用。

萬事具備，還不知道這個午後頑童能否順利溜出家門呢？這樣一張照片，豈是隨便都能拍到的呢？

1967 年，內埔鄉美和的孩子們沿著龍頸溪排水溝溯行而上。

細鬼仔

1966
高雄美濃

拍小孩兒很簡單,因為他們能自然面對鏡頭。拍小孩兒也很難,因為他們不會配合演出。調皮好動的野孩子(客語稱細鬼仔)是攝影師的最愛,因為他們動作誇張,面對鏡頭毫不退縮,甚至更加激起其表演慾望。在照相花費昂貴的時代,人物照片多半是正襟危坐的肖像照。肖像照裡的主角不但姿態表情僵硬,而且非得盛裝打扮不可。等到拍照廉價化、平民化之後,攝影的取材才跟著生活化。只不過此時社會已經富裕、教育普及,大人們對小孩的管束越來越重,對於安全的要求越來越高,野孩子已瀕臨「絕種」。

照片中頑皮跳水的孩童,已經熟練到不僅不害怕,還能故作瀟灑姿勢,贏得同伴的崇敬。拍照當下,攝影師顯然就站在主角後方,抓住主角剛離地,尚未加速墜落的那一刻。看來攝影師已經和頑童們打成一片了。

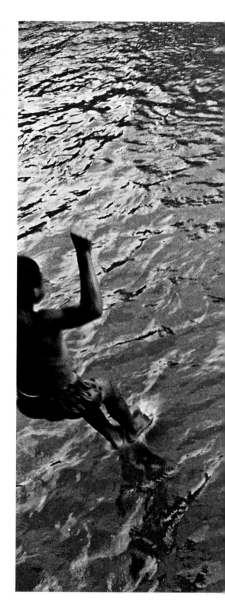

1966 年,美濃東門樓外孩子們在美濃溪邊戲水。

趁牛之危

1960 年代
高雄美濃

在以前，農家常利用夏末秋初農閒時節，替公牛「閹割去勢」。因為消毒藥品尚未普及，手術後只在牛隻傷口上塗稻草灰和茶油，以白布包紮就算了結。為了消炎止痛，接下來會讓牛隻浸泡在水中，且特別注意選擇流動無汙染、且無水蛭出沒的水域。趁著這一段時間公牛身體虛弱，調皮的兒童便大膽嬉弄水牛。

打從 19 世紀以來，造訪台灣的西洋或日本攝影師都對水牛充滿好奇。特別是泡在水裡的水牛群，更成為充滿「異國風味」的最佳構圖。就台灣本地人的角度來看，水牛泡在水中真是再平凡不過的事情，早就習以為常了。等到日本人大量地將「水牛入浴」的畫面刊登在介紹台灣的書籍上，又透過風景明信片廣泛流傳後，台灣人才逆向學習到，原來「水牛代表台灣」！

就這樣，當台灣人自己擁有相機，許多人都想要拍攝這麼一張「水牛群浴」照。只不過隨著時代變遷，拉車的工作逐漸被黃牛搶走，水牛只剩下拖犁的份兒。又後來，農作物多元化，雜糧和蔬果都不需要水牛；即使是水田，一季稻作只有犁田整地時用得到水牛。結果水牛越來越閒，放假日比上班日還多。終於，農夫痛下決心裁撤「冗員」，遺缺由耕耘機頂替。水牛「失業」後，台灣的農村風情畫一下子少了個挑大梁的要角。「水牛群浴」遂難得一見，攝影師只好趁公牛去勢療傷的當下，拍幾張聊勝於無吧。反正，人類是看不懂水牛表情的。照片中的水牛究竟是愉快地消暑紓壓，還是捱疼待癒，那就真的只有牛才知道了！

1960 年代，美濃溪中的水牛與牧童。

九如呈祥

1960 年代
高雄美濃

從上方俯瞰浴水的水牛，牛頭到牛背脊露出水面，形成一條曲線，左右還點綴水牛招牌的倒勾牛角。若是聚得一群水牛，流暢又豐富的曲線，是自然天成的美麗構圖。

是的。這不就像中國畫中的「九如呈祥」嗎？這種構圖通常包括九隻鯉魚，描繪的角度也是從上方俯瞰。在庭園池畔，這種畫面很容易見到，特別是你手中還握有飼料的話。鯉魚的背脊構成主曲線，一對胸鰭則點綴兩旁。在同一畫面中，絕不會有任兩隻鯉魚姿態相同。將這種自然天成的構圖摹上畫紙，湊足九隻的吉祥之數，每隻鯉魚塗上不同顏色，背脊彎曲的線條不一，便完成一幅「九如呈祥」，是非常討喜的吉祥畫。

鯉魚是一千多年來人工培育品種的結果，鯉魚戲水圖的取材來源，本就是人為的，傳達的意象是富貴吉祥的、城鎮文明的。反觀水牛戲水圖，則是農村的、鄉野的、悠閒自得的。令人驚訝的是，日本時代半個世紀中，不知道生產出幾千幾百張的水牛浴水照片，卻沒有發展出「九如呈祥」式的構圖表現。日本人拍攝的照片幾乎全是側面而非俯瞰。而且為了特寫水牛，大多獨照一頭，罕見以俯角拍攝牛群的。

為什麼呢？

第一，當時少有農家出身的攝影師，因此對水牛存有戒心，不敢太靠近牠。第二，當時手持相機罕見，必須依賴三腳架，僅能立於岸邊穩固之處，當然只能拍到水牛的側面。第三，俯瞰必須由上方臨近，除非剛好地形配合，不然就得攀在樹枝上，對攝影師來說太困難了。

於是，自然天成的九牛戲水構圖模式，竟然從未在攝影的世界中誕生。劉安明的這張照片，彌補了這個缺口。同時也提醒我們，攝影仍得回歸對現實世界的觀察，而非總是模仿他人作品。

1960 年代，美濃溪裡的水牛群。

不要再拍了！

1965
高雄美濃

客籍婦女的髮型，與閩籍婦女的多變化相比，較為單調，但也因為單調一致，反而形成了族群的識別符號。照片中的婦女正是梳著典型的客家婦女髮式，稱為「髻鬃」。這種特殊的形狀引來日本人的好奇，甚至戲稱客家婦女在頭上帶了把手槍。

「髻鬃」的做法是將頭髮分為前、中、後三束，各用紅絲線或毛線紮緊，再將三束紮在一起，摺捲為 15 公分長的髮結，最後用線纏繞束緊，比較講究的還會戴上髮簪。外面並抹上取自植物外皮的黏汁，讓較短的毛髮也附在髮結上面。

客家髻鬃，和閩人纏足、原住民紋面一樣，從 20 世紀初就成為備受偏愛的風俗攝影主題。每位有志攝影者，好像非得拍到這幾種主題，否則總有缺憾之感。各類攝影結社與同好團體，一定都會舉辦攝影活動，由熟門熟路的會員帶領大家到某個特定地點去拍某個特定主題。尤有甚者，還事先安排布置被攝對象，好讓大家都能輕易獵取這些「珍貴」鏡頭。

1965 年，一位梳著傳統髻鬃頭的美濃婦女。

日本治台初期所繪之客家婦女結髮形式，左為一般人家，右為較富貴者。
（引自《近衛師團軍醫部征臺衛生彙報》）

螳螂捕蟬
黃雀在後

1965
高雄美濃

攝影師正舉起相機，拍攝老婦人髮式的特寫，沒想到自己卻被另一位攝影師給拍下來了。至於這位老婦人，面對這種「獵奇」，恐怕早已被拍到麻痺了。

這是一群攝影師相約「出草」獵影的活動，今天來到美濃當然不會放過這個「名景」。客家婦人的特殊髮式，屏東六堆比北部桃竹苗更常見。六堆之中，因美濃算是偏僻鄉下，留著老式髻鬃頭的婦女最多，吸引許多攝影師前來拍照。不過即使在美濃，梳這種髮式的也都是老阿婆了，年輕女子為現代裝扮，服飾與髮型和其他地方沒有差別。

和對面攝影師比起來，劉安明距離老阿婆更近，採用較廣角的鏡頭。對面攝影師應該只是要拍老阿婆頭部特寫，所以使用長鏡頭。採用廣角鏡不易突顯主題，而且因為貼近被攝者，雙方壓迫感都大。加上老阿婆快步通過，構圖瞬息萬變，在技術上也比較難掌握。劉安明俏皮地營造這張「狩獵圖」，呈現拍照者專注的「攻擊」姿態，以及被攝者的無奈與漠然。

1965 年，美濃街上的一位老婦人，她結著髻鬃頭、身穿大襟衫，傳統的打扮，引來外地攝影師的跟拍。

背水一站

1962
高雄美濃

婦女在河畔洗衣，是農業社會司空見慣的事情。然而，美濃婦女的洗衣方式，向來為人津津樂道，因為她們都是站在水中面向陸地的。為了解釋這種現象，出現了種種「有學問」的說法，其中最常見的便是「防番」說。由於美濃地處平地與山地的邊界，暴露在原住民出草的威脅之下。為了警戒，於是婦女們洗衣時便要面向陸地，以防原住民從背後偷襲。這種說法如果言之成理，則台灣各地深受原住民威脅的閩客村落，婦女們洗衣也應該會採用這種姿勢才對，但事實不然。

文獻中的確記載過婦女在河畔洗衣時，遭到原住民攻擊殺害的案例。這件慘案發生在 1781 年（乾隆 46 年），地點在台中后里北方的大安溪畔。當時大安溪北岸屬於「番地」，漢人不能越界。這年春夏大旱，村落裡的井水完全枯竭、圳溝乾涸，村民於是結伴冒險遠赴大安溪。壯丁們過溪到溪北割取茅草，婦女和小孩留在南岸洗衣。結果過溪的男人們不幸遇上原住民，當場被襲。原住民一路追殺到河邊，看到對岸的洗衣婦女，乾脆也一併殺害，總共奪走 28 條人命。不過，要不是因為天旱，婦女不會遠離村莊去洗衣，當然也就不會遇害。而且原住民出草地點通常都在荒郊野外，尋找落單的對象下手。除非漢人主動勾結照應，否則原住民是無法入侵村莊殺人的。

無論如何，美濃婦女洗衣已成為眾所皆知的「奇俗」，更是攝影師爭相獵取的畫面，劉安明自然也不例外。這種被一拍再拍的老掉牙題材原本無奇，偏偏冒出一台卡車加入洗滌行列，整個畫面就活了起來。

蹲坐面對水流，是最普遍的洗衣姿勢。（日本時代明信片）

1962 年，美濃婦女在溪畔洗衣。

每日都愛
洗衫褲

1964
高雄美濃

農村清晨的結伴洗衣，這畫面讓你感受到悠閒還是忙碌？古代還是現代？

照片拍攝的地點在美濃中正湖畔的埤頭下。埤頭下是一個非常小的村子，村中有一座大戶人家的宅第——雙桂堂。仔細看照片中央偏左巷弄最深處，那個帶有翹脊的門樓，正是雙桂堂的入口。攝影師取景的角度，大約是從東南朝向西北拍攝。從影子的長度和方向，知道此時太陽才剛升起。婦女們利用清晨結伴到圳溝洗衣服，連小女孩也加入幫忙。等到洗完以後，婦女們還有忙不完的家事，小女孩也得揹起書包去上學。進入現代化的農村，可說是越來越忙碌。步調緩慢的悠閒生活，只是都市人對農村的浪漫幻想。

畫面中的這條圳溝，是剛從中正湖的閘口流出，攝影師向後轉就可以看到湖了。中正湖其實是人工建築的灌溉水塘，供應中圳溝的水源。村民們利用圳溝洗衣服，曾經是全台灣普遍的現象。如果你認為古代人就是這樣子洗衣服，那可就大錯特錯了。道理很簡單，因為圳溝是20世紀上半葉，政府與民間耗費鉅資、利用現代技術與材料才普及開來的。清代的圳溝非常簡陋，沒有水泥或石砌的圳道，流量不穩定且飽含泥沙，並非洗衣的好地方。更不用說清代衛生觀念尚未普及，衣服換洗的頻率很低，不可能每天早上都有一大籃的衣服要洗。

在今天洗衣機與自來水普及的年代，這種圳溝洗衣畫面當然會令人聯想起「往日情懷」，不自覺就把這種場景推衍到二、三百年前，以為這是「自古皆然」。事實上，圳溝洗衣的畫面中充滿「現代化」的元素，包括現代工程建築的水道、現代衛生的要求與習慣，以及現代緊湊忙碌的生活。你能感受到嗎？

1964 年，美濃埤頭下村的婦女和小孩在圳溝洗衣。

大啟文明
東門樓

1960 年代
高雄美濃

這是美濃東門，始建於 1755 年（清乾隆 20 年）。1829 年（道光 9 年）庄民黃驤雲高中進士，於門樓上題匾「大啟文明」四字。日本時代初期門樓被毀，直至太平洋戰爭時期以鋼筋水泥重建，成為一個警鐘樓。1957 年再將頂部修建為傳統建築的樣式，成為我們今天見到的模樣。

可別誤會「大啟文明」這四字，換成今天常用的題匾其實就是「金榜題名」，慶賀本庄有人高中科舉，也祈求將來士子考運更加亨通。美濃東門體現了客家村莊常見的一種風俗，那就是在庄頭建立惜字亭或魁星閣，且常常與門樓合為一體。此外依據風水之說，東方主文運，因此惜字亭最常見到設於東門旁。這種風俗是科舉時代的產物，就像縣城內的孔廟或書院旁照例建有塔式或樓式的魁星閣一樣，都是拜魁星或文昌帝君的地方。鄉間沒有經費建築樓閣，用一座惜字亭代替，也能滿足大家的需求。事實上，惜字亭的建築樣式，根本就是一個縮小版的魁星閣，只不過下部被當作字紙爐，上部供奉文昌帝君的神位。

時至今日，門樓被單純視為「防禦性建築」，惜字亭則被看作「重道崇文」的表徵。科舉時代庄民真正的嚮往與需求，就這樣被今人誤解了。

1960 年代，婦女洗完衣服回家，行經美濃東門。

挍字紙
作功德

1966
高雄美濃

哇！這麼大的竹簍子！如果裡頭裝滿紙張，老阿婆怎麼挍（挑）得動呢？

我們可以設想一下辦公室裡常見的影印紙。通常 A4 十包裝成一箱，總重約 22 公斤。一箱影印紙所占的體積，只約竹簍的五分之一。就算一簍只裝一箱，老阿婆也擔不起這兩個竹簍吧！還好，不像現代人會把廢棄的紙張平鋪疊好，以前人習慣把廢紙揉成一團。老阿婆收到的字紙，幾乎全是這種鬆散的紙團，因此才會使用容積這麼大的竹簍來裝。

老阿婆挑送字紙沒有薪水可拿，但卻能獲取「功德」。雖然說敬惜字紙是自古流傳的觀念，但直到 1961 年著造的《文昌帝君惜字功過律》廣為流傳，台灣的惜字之風才又開始「復興」。這部《文昌帝君惜字功過律》序言由呂洞賓執筆（透過扶鸞降筆），全文包括「功律」24 條和「過律」29 條，總字數不過一千字出頭，刊印在兩三張紙上就可以廣為發送。且看以下兩則條文：

功律第二：平生遍拾字紙至家，香水浴焚者，一萬功。增壽一紀，長享富貴，子孫榮貴。

功律第三：多收字紙，字灰深埋淨地者，一千功。安樂不流離，子孫昌盛。

照片中的兩位老阿婆，若是長年撿拾字紙，根據第二律便能得到一萬功，不僅可以延長陽壽三百日（一紀），而且榮華富貴及於子孫，這便是撿拾字紙的最佳報酬！

1966 年，兩位撿拾字紙的美濃老婦人，挑著字紙簍，經過一處菸樓和民宅，前頭這位一身傳統打扮，穿著大襟衫和烏褲。

美濃
送聖蹟

1966
高雄美濃

美濃送聖蹟的祭典，本地人稱「送字紙」，是由附屬於廣善堂的「聖蹟會」辦理。廣善堂於 1918 年由古阿珍創立，為美濃地方最著名的鸞堂。美濃一帶廟宇有附設惜字爐者，或鎮上的聖蹟亭，都會將字紙灰打包送到廣善堂一併處理。

每年於農曆正月初九舉辦的送聖蹟儀式，廣善堂與祭「河伯水官」（客家信仰的河水伯公）相結合。上午八點儀式開始，禮生高誦「送字紙灰請神」，請出代表神明的令旗。接著，大隊人馬浩浩蕩蕩出發前往五百公尺外的祭祀地點──美濃溪畔。領頭的三個人都是鸞堂的鸞生，中間一人手持「恭送聖蹟」牌，左右兩人各執涼扇、涼傘；緊隨在後的是樂隊及旗隊，再後方則是「聖蹟會」的成員──挑著竹簍的老婆婆。隊伍還帶著稍後會在儀式中「放生」的吳郭魚和鴿子。

抵達美濃溪畔後，隊伍會在祭壇前請神明就位，舉行誦經法會及放生儀式，然後重頭戲登場──倒字紙灰入河、燒金紙……，完成整個祭典，返回廣善堂。

劉安明詳細記錄了 1966 年的送聖蹟典禮，拍攝到隊伍行進間各種角度的畫面，正前方、側面全景、隊伍尾巴都有，可以想像當時他繞著隊伍做「衛星運動」，有多麼辛苦。右圖劉安明刻意傾斜地平線，配上「歪」得剛剛好的聖蹟牌，達成一種構圖的平衡。恭送聖蹟牌是用紙板做的，非常簡易。右邊鸞生拿著的扇子和左邊的傘蓋，同樣樸素可愛，可看出整個祭典的風格就是簡單清爽，和今天的競尚奢華完全不同。

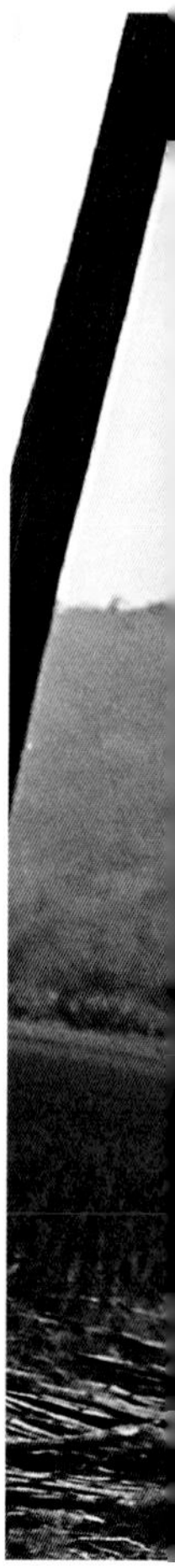

1966 年，美濃廣善堂送聖蹟的隊伍。刻意傾斜的地平線，搭配舉「歪」的聖蹟牌，達成一種構圖的平衡。

1. 挑字紙簍的婦女，在廣善堂廟埕等候儀式開始。各地惜字亭送來的字紙灰都以竹簍或水泥袋盛裝。

2. 上午八點，儀式開始，禮生高誦「送字紙灰請神」，請出代表神明的令旗，準備出發前往祭祀地點。

3. 由「恭送聖蹟」牌領頭的大陣仗，有臨時聘請來的樂隊助陣，包括抬鼓的兩人、敲鑼一人、持鈸與鐃者
   各一人。鑼鼓之後是旗隊，由五位小朋友執掌，再後方則是扛著竹簍的老婆婆……。隊伍不長，遊行的
   距離更短，從廣善堂到美濃溪畔才五百公尺，這群老人和小孩都能輕易勝任。

4

5

4. 畫面最左邊是誦經生，中央扛著字紙灰的老婆婆是「聖蹟會」的成員，大家多穿夾腳拖鞋，後方的遠山是美濃的地標──人字山。

5. 隊伍中唯一的一台腳踏車，車後座載著準備放生的生靈，鴿子在籠中，吳郭魚在下方的臉盆裡。

6. 隊伍抵達溪畔祭壇，請神就位。祭壇正中立起「河伯水官香座位」的神牌，兩旁擺設鮮花蠟燭。祭品有五種水果、五盤糖果和五樣素食及粄粿等，中間放一碗飯。此時，「恭送聖蹟」牌立於祭壇前，持涼扇與涼傘兩人於壇前一左一右單跪並交換位置，如此重複動作九次。接著「恭送聖蹟」牌就當作神位，和涼扇涼傘共同豎立在神案上，完成就位儀式。

7. 儀式會場正面照，這場儀式的參加者──大人小孩全部加起來──不到 80 人，字紙簍一字排開立於水濱，此時攝影師已經站到河中央了。

8. 神明就位之後，首先由主祭官、陪祭者帶領全體聖蹟會人員一同上香祭拜。接著由和尚與誦經團念經，主祭、陪祭立於誦經團後方祭拜。畫面中的四人即是負責誦經儀式。

9. 「聖蹟會」的成員合掌陪祭。誦經告一段落後，全體人員跪下，再由主懺禮生誦念「送字紙聖蹟文」，法會部分到此結束。

7 8 9

攝影家的事前溝通 法會是送聖蹟最莊嚴的橋段，劉安明卻能到處移動位置取景，尤其是他使用廣角鏡頭，近距離接近被攝者，營造濃厚的臨場感。但近距離容易讓被攝者緊張，特別是在執行祭儀或專心祈禱的時候。由此可知，劉安明在儀式之前已經花費很多時間和眾人混熟，事前解釋溝通取得信任，才有可能完成拍攝任務。畢竟在 1960 年代的美濃鄉下，民眾是不能理解祭典過程為何要攝影，攝影師隨處取景極易引起反感。反觀今日台灣大小祭典，早已習慣閒雜人等任意拍照，甚至干擾儀式進行，也不以為忤了。

10

10. 重獲自由、振翅高飛的一刻！在那個年代，唯有眼明手快的攝影師，才能抓住放生儀式中這關鍵的一刻，也才能精準地安排構圖畫面。

11. 將吳郭魚（即南洋鯽）放入溪中，據說是因為「鯽」與「吉」諧音，能夠帶來吉祥之意。

12. 法會結束後，就要將一袋一袋字紙灰倒入河中。從照片中可以感受到現場一片煙霧瀰漫的特殊景象。近年來因為民眾抗議，字紙灰已改倒在河畔窪地，不再赴水漂流了。

三教合一的混雜儀式　「聖蹟會」附庸於鸞堂，而鸞堂則是一種藉「扶鸞」儀式傳達神意的宗教組織。鸞堂供奉「恩主公」，也就是關聖帝君（關公）、孚佑帝君（呂洞賓）、司命灶君（灶神）。至於「扶鸞」，則是神靈透過人推動筆或桃枝在砂盤上寫字，由一人唱出神意，另一人作筆錄。

台灣的鸞堂起源於清末，其教義特別強調儒家思想與道德倫常，常自稱為「儒宗神教」，與佛教、道教並稱為「儒釋道三教」。在 20 世紀初，鸞堂發展出一種藉由神力戒除鴉片癮的辦法，因此大為興盛，擴張到台灣各地。近年來台灣民間信仰盛行「三教合一」的觀念，美濃廣善堂也受到這股風潮的影響，從其神殿便可看出：除了前殿供奉鸞堂原始信仰的三位恩主公，中殿奉祀文昌帝君（儒教），後殿樓下為大雄寶殿奉祀三寶佛（佛教），樓上為凌霄寶殿奉祀玉皇大帝（道教），徹底實踐「三教合一」。

此外，送聖蹟祭典的主角神明是文昌帝君（儒教），卻選在玉皇大帝（道教）的誕辰舉辦，神桌上的牌位則是客家信仰「河伯水官」，可見其混雜程度。儀式中主持誦經者完全作和尚打扮，手持的法器也是佛教所用。誦經結束後進行的放生，概念來自佛教的「戒殺」，認為解救即將死亡的生命為一大功德——很明顯地，這和「敬惜字紙」可說毫不相關。以上一切，在在表現送聖蹟儀典「三教合一」的特性！

13 14

13. 字紙灰很輕，一點風吹草動就會大肆飛揚。為了避免字紙灰在運送過程中造成汙染，需要一種好用又易得的容器，水泥袋為上上之選。圖中老婆婆用的是金錢牌水泥的袋子。水泥俗稱洋灰，本身就是細緻的粉末，其包裝袋當然不會透灰了。

14. 倒完字紙灰，接著燒金紙，連同「河伯水官香座位」神牌與聖蹟文一同焚化。鸞生拿起「恭送聖蹟」牌，連同令旗、涼扇、涼傘等，將神請起。接著鞭炮大作，整個儀式圓滿完成。桌上的祭品當場分發給民眾。隊伍也將返回廣善堂。

15. 同樣以人字山為背景，劉安明拍下隊伍從左至右回返廣善堂的情景。儀式順利完成，大家心裡都放輕鬆了。回程隊伍不再緊湊，前後拖得很長。領頭的「恭送聖蹟」牌和樂隊盡職地正步前趨，後面的老婆婆和小朋友則散步聊天。

送聖蹟的源流與「復興」 清朝台灣官府所在的府縣城都會定期舉行「送字紙」的活動,例如台南府城每十二年舉行一次,新竹縣城則每三年一次,此外如鳳山縣、澎湖廳則每年都會舉辦。送聖蹟由官立的文廟或文昌廟負責舉辦,參與者以讀書人為主,有別於民間宗教慶典。

美濃、六龜、竹塘、龍潭是台灣目前「僅存」有送聖蹟儀式的地方。龍潭選在倉頡公聖誕日,竹塘則不一定。美濃廣善堂和六龜勸善堂則與祭河水伯公相結合,分別選在正月初九天公生及三月初七舉行。不過,說上述四地為目前所「僅存」,其實是有語病的,因為這會讓人誤以為這四處自古以來便有。事實上,清代送聖蹟的儀式既然主要由官府主持,一般鄉間雖有惜字風俗,但並不會特地舉辦送字紙灰入海放流的儀式。而像美濃、六龜這種極偏遠的鄉下,當然更不可能舉辦了。

1895 年日本統治台灣以後,科舉停辦,送聖蹟儀式也絕跡了。今天美濃、六龜和竹塘的送聖蹟儀式,其實都是在「復興中華文化」的觀念之下,根據文獻記載所「復原」的「古禮」,背後的發動者都是鸞堂,而且這些鸞堂都是日本時代才創立的。

大路關
石獅傳奇

1980 年代
屏東高樹

大路關今名廣福村,是客家人向山區拓墾的最前線,不但土地磽瘠,且不時遭受原住民攻擊。為了祈求平安,村民破天荒塑造一座比人還高的石獅子,希望達到鎮壓壽蛇與生番的效果。1856 年(咸豐 6 年)山洪爆發,全村遭殃,連石獅也被土石埋沒。1860 年旱災加上蝗害,稻米歉收。9 月,大路關客庄與鄰近的高朗朗(鹽埔鄉高朗村)閩庄爆發械鬥,閩人發動 72 庄圍攻大路關,客家人則從美濃與萬巒兩地發動救援。這場械鬥造成美濃與萬巒犧牲 28 人,本庄陣亡 5 人。少了石獅庇佑,大路關災禍不斷!

1895 年日本統治台灣以後,鄉人籌議再建石獅,歷時三個月而成,即左圖那尊。歷時半世紀後,石獅斑駁,村民乃再建第三座新石獅,即右下圖那尊。至此,廣福村中同時有兩尊大石獅。

台灣民間少有膜拜石獅的,且體型絕不會比人還高大。廣福村開基石獅堪稱 20 世紀前台灣最大的石獅,身高和體長皆超過兩公尺,令人望而生畏。第二代石獅造型與老虎相似,但光復後造的第三座卻變成金門「風獅爺」風格,額頭上還有老虎的「王」字標記,造型可愛,完全喪失降妖鎮煞的威嚴。

1984 年,鳳山市于國源先生遊歷至此,聽聞傳奇故事,感念開基石獅仍深埋土中,慨然以為己任。於是他向村長建議破土開挖,並調集怪手吊車協助,竟將埋入土中一百多年的老石獅掘出,安座於順天宮前,即為右上圖那尊。是為廣福石獅傳奇!

1980 年代,高樹鄉大路關不同年代豎立的三尊石獅,由左、右上至右下為日本時代、清代、光復後。

水份天神 同 圳頭伯公

1960
高雄美濃

竹子門水德宮創建於日本時代，是純正的神社建築。入口有一座大鳥居，類似中國式的牌坊。接著是一連串的階梯，兩旁並列石燈籠，直達山丘頂上。山丘頂部的平台有「御手洗」，像是水槽一般，還附有水瓢。主體建築包括前方的拜殿和後方的神龕。拜殿就像一般房屋那麼大，而神龕則像房屋模型，人是鑽不進去的。

水德宮就在竹子門發電廠大門外，旁邊是水利會的工作站。平常的管理和香火，都由工作站就近照料。1909 年竹子門發電廠完工，開始對台南、高雄送電，南台灣大放光明。電廠水力來自荖濃溪，以攔河堰阻截溪水，經隧道導流至電廠上方，然後利用落差推動水車發電。發完電的「尾水」不能浪費，排入總督府公營的獅子頭圳，灌溉美濃南方的大片荒地，造就了旗尾糖廠廣大的自營農場，也造就三五公司南隆農場。農場需要勞工，就近找美濃人幫忙！

農業和電力皆拜水之賜，當然得好好謝謝水神了。於是，日本人就在發電水尾、灌溉水頭交界處，建立一座祭祀「水份天神」的神社。這種日式的風俗，和客家人在圳頭拜伯公相似。人同此心，心同此理。

台灣光復以後，日本人遺留下來的神社改頭換面。位於大都市的紛紛改成縣市等級的忠烈祠，小地方的則轉作廟宇或廢棄。光復初期物資缺乏，沒有人會為了「意識形態」去破壞好端端的房子的。等到經濟起飛、建築業發達後，那些神社才因為改建而喪失原貌。1970 年代桃園忠烈祠引發意識形態的爭論，主張消滅「殖民遺毒」的人必欲拆掉，主張「保留古蹟」的人則誓死捍衛。結局保存派獲勝，桃園忠烈祠於是成為台灣「唯一留存」的神社。

類似的意識形態爭辯，並未延燒到美濃這個純樸小鎮。竹子門水德宮就這樣默默無聞地維持原貌，既未改成不倫不類的忠烈祠，也未轉變成其他神明的宮廟。最後，1995 年信眾感神恩決定重建，神社也就這樣安安靜靜的拆除了。

1960 年，美濃竹子門水德宮的入口。

福地洞天

1960 年代
高雄六龜

山崖壁下有這麼一處福地洞天，有心人用建築廢棄物和輪胎疊砌神壇，張掛起各種幡布旗幟，收容來自各處的「落難神明」，主神供奉「復古開今」的九天玄女。

可別瞧不起這種路旁的「邪祀淫祠」，時下各種香火鼎盛的廟宇神明，古來也都是這麼起家的。祂們當初也只是某省某鄉山陬水濱的小神，一開始往往連神像都沒有，篤信的幾個人寫下他們心中認定的聖號，就這麼拜了起來。最初當然會遭到非難，特別是中國文人敬鬼神而遠之的「類」理性精神，所以主神旁邊一定要請來已被社會公認的正牌神明，共享香火，以求互保。

若是廣大靈感，這種小神也會發達。接下來信徒會籌錢覓地建廟，更重要的是幫神明找到一個好的出身，像是在古籍中找一個有學問的典故來附會，以求改邪（祀）歸正（神）。最好的結果是某位信徒做了高官，向朝廷要求正式冊封。這種取得官方承認的行動，沒有止境，歷朝歷代都是如此。就像媽祖一般，從地方小神到獲得封典，逐步晉封天妃，最後成為天后。

當然，並非所有的神明都能順利如願，祂們可能會被信徒拋棄，成為落難神明。再後來，可能又被人撿去到另一處「福地洞天」，展開下一段旅程。

1960 年代，六龜一處供奉九天玄女的路邊小廟，以樹蔭蓋頂、廢輪胎和磚頭作神桌、紙板為匾，就連神明綵聯，也是用國旗與各種旗幟將就而成。

排列仔
等焙菸葉

1960 年代
高雄美濃

美濃是台灣種植菸草的最後大本營。獲得種菸草許可的農民會領到一份許可證，上面登載種植人的個人資料，以及許可的菸葉品種、種植年期、許可號碼、種植地點、行距、株距、區數等資料。在許可期間內，公賣局還會派人來檢查，確認是否完全符合許可。就像為國家工作的公務員一樣，菸農可以說是隸屬於公賣局的「公務農」。公賣局對菸農要求的紀律包括：遵守專賣法令、服從技術輔導、不超耕不私種不藏匿、全數繳售公賣局等。菸農只要稍有違規，就可能被撤銷許可。

在這麼嚴格的規定之下，美濃農民仍然擠破頭爭搶許可。鍾理和在他的短篇小說〈菸樓〉（1958 年）中描寫：「我用緊張得有點顫抖的手指拈一支鬮。在申請者千餘人之中，專賣局此次僅能核給二百五十人，也就是說五人中必有四人落空。中鬮的可能性是這樣地少，我不敢希望自己一定會是幸運者。」

種菸的利潤高，菸葉自然是農民心中的寶貝。這張照片拍的是菸農後院，採收下來的菸葉整整齊齊地堆放在這裡，四周還用草蓆細心包圍起來，以免雞鴨啄食。若是遇到天雨，還得趕緊鋪蓋防水。菸葉採收有一定的日期，必須依照公賣局指導員的指示辦理，並非隨摘隨烤，所以才會出現這種在外「排隊」等待進菸樓的畫面。

1960 年代，美濃一處菸農後院堆放著採收後等待燻烤的菸葉。

劈菸仔柴

1964
高雄美濃

一根根粗壯的原木，順著馬路排放，工人們依序將大木鋸成薪材。乍看之下，能不令人痛心嗎？向來是最不成材的木頭、百無一用才會被當柴燒，這些看似粗壯的原木，為何落得如此下場？

每年夏季山洪爆發，東南方荖濃溪埔上「盛產」擱淺的漂流木，是大自然的恩賜。不待洪水退盡，薪材業者已經按捺不住紛紛下溪，在危險的泥淖中搶奪漂流木。只要發現中意的，就在上面作記號占有，依照「業規」，別人便不能動這根木頭了。等到放晴日久，泥沙乾燥堅硬足以行車時，再出動人力與拖車下溪，將標註自己記號的漂流木盤駁上車，運到私人堆置場。

在堆置場內，漂流木依照品相與大小形狀，各有不同發落。造型特殊的可以轉賣給藝術家具行，良材且碰撞損害輕微的賣給木材行。剩下材質受損嚴重的，可以加工變成合板原料，或者製作成棧板等廉價消耗品。最差的木頭只能當柴燒，許多都轉賣給美濃的菸戶。像照片中這些原木，在漂流過程中已經傷勢慘重，雖然外觀看起來粗壯，其實血脈筋骨盡毀，只有當柴燒的份兒了！

20世紀下半葉，台灣已經沒有可以隨便砍伐的樹木了，要麼就是私人土地，要麼就是國有林班。但在菸葉採收季來臨之前，家家戶戶都必須囤薪積柴，因此造就一批薪材供應業者。你看，他們把不成材的漂流木載到村口，沿著馬路一根一根卸下，就地支解拍賣。購得的菸農利用空閒，出動腳踏車、摩托車或是牛車，慢慢搬回自己的菸樓牆腳。三不五時劈幾塊，量力而為。等到下一季菸葉收成後，這些薪材就要化為裊裊雲煙了！

1964年，薪材業者把漂流木運到美濃菸業區，鋸成適當大小後，賣給菸農。

連棟菸樓
係大戶

1960 年代
高雄美濃

鍾理和小說〈菸樓〉的主角中簽後，並沒有高興太久，他描寫道：「雖然二三年來我即熱望著有一棟菸樓，但這並不是容易的事，除開土地、勞力、技術不算，開始還得要一筆本錢……。由屏東回家的途中，我一邊騎著腳踏車，一邊盤算著可能籌集到的錢。家裡還有三條豬，可能賣到三千塊；還有小豬胚，也留不住了；又還有雞……好吧，都可以賣！為什麼不可以賣呢？無論如何，我一定要把菸樓作起來！」

種菸草雖然有公賣局保證收購，但在此之前還是得付出一大筆資金蓋菸樓。菸樓可以說是菸農最昂貴的投資，而且並非一年兩年就能還本。通常菸樓就蓋在自己住宅旁邊，或者創建菸樓的同時也一併改建舊宅。菸樓門戶上要釘掛公賣局製發的「菸葉乾燥室」白鐵牌，菸葉貯藏室門口則要釘掛「許可貯菸標籤」。層層把關的目的，無非是想杜絕私菸。

菸樓外觀最明顯的就是那多重屋頂，最常見的就像這張照片中的三層屋頂。最高那層屋頂是通風用的天窗，在烤菸草的過程中，依照公賣局的指示，在不同時間關閉、開一寸半、全開、開三寸或者開四寸。天窗打開時，新鮮菸葉被逼出的水氣就會散逸出來，藉以控制燻烤室內的溼度。第二層屋頂所涵蓋的面積，自地面直達頂端就是燻烤室，內部中空沒有隔間，裡頭掛滿了菸葉。環繞著燻烤室的外圍空間，也就是最低那層屋頂涵蓋的區域，裡頭除了一座爐灶之外，剩餘的就可以利用來儲存菸草，甚至當作居家使用。爐灶的位置很好辨認，就是在煙囪的正下方。

這張照片中很明顯地可以看到兩座燻烤室，仔細看的話，照片最右邊邊緣還可以見到第三座。不論從菸樓的規模或者兒童的數量來看，這戶人家可謂家大業大。

1960 年代，擁有三座燻烤室的美濃菸樓外觀，牆邊堆滿烤菸葉必備的柴薪和漂流木，禾埕上成群孩童嬉戲，老爺爺坐在還沒鋸斷的漂流木上，閒適地吸著旱煙。

擇菸
分等級

1965
高雄美濃

燻烤菸草是菸農的責任，因為農民必須繳交烤乾的金黃色菸葉，才能向公賣局領錢。菸葉燻烤處理需要 150 個小時，也就是將近一個星期的時間。中間必須無間斷地看顧柴火，並且依照公賣局發給的操作手冊，確實地調整天窗、地窗和導熱土管的啟閉量，隨時檢查溫溼度計是否指在正確的數值。未依照指示燻烤，或者因為粗心、或者打瞌睡誤事，都會影響成品的品級，絕對逃不過公賣局的火眼金睛的。

為了應付這 150 個小時的奮戰，全家不論老少都得輪流看顧爐灶。這種工作型態適合三代同堂的大家庭，人口少的小家庭應付不來。這也就是台中菸區、嘉義菸區為什麼逐年萎縮的原因，都市化是菸草農業的頭號殺手。台灣各地的菸草種植配給量逐漸往屏東菸區移動，屏東菸區的屏東市、里港、九如又紛紛向美濃轉移，最後終於成就美濃的菸草王國。

燻烤完成後，接下來的工作較為輕鬆愉快，還能一邊聽收音機呢！菸農解開串聯在金黃色菸葉上的鐵絲，依照公賣局指示區分等級，放入特製的木箱中壓實，最後用牛皮紙捆成固定大小就完成了。等到新鮮菸葉用鐵絲串成一聯一聯，又得再面臨下一波 150 個小時的接力奮戰了！

1965 年，美濃菸農將燻烤完畢的菸葉整理、分級。

共下
滷鹹菜

1966
屏東

滷鹹菜（醃酸菜）最好玩了，你看大人小孩一起踩得不亦樂乎。照片中桶內的芥菜已經快滿了，因此才看得到桶內八、九個工作人員。否則剛開始裝填的時候，所有人都陷在七台尺深的桶子裡，必須架梯子才能出入。

芥菜收成季節，壯丁負責田裡採收和搬運，婦女和小孩則負責「桶內作業」。牛車運來的芥菜，幾個人負責中介傳遞到桶內。桶內人員將芥菜平鋪一層，接著抹上一層鹽巴，如此層層交疊。當芥菜逐漸墊高時，還要不斷用腳踩實，這就是小朋友最喜歡的工作了。等到菜桶裝滿，頂部用幾塊大石頭密壓就完成了。在往後的日子裡，芥菜體內的苦水被鹽分逼出，滲出桶外，石頭也隨著芥菜萎縮往下降，最後開桶就是鹹菜了。

台灣的鹹菜產地原本在台中大里，1950 年代盛極一時，產量供應全台。不過，一塊田地連續種幾年芥菜後，土壤會逐漸酸化，無法繼續種植。1964 年大里爆發芥菜傳染病，加上逐年土壤酸化累積，整個產業遂轉移到屏東。當屏東酸菜產業起飛時，還有商人專門跑台中大里收購木桶，然後轉賣到屏東繼續使用呢！

1966 年，屏東芥菜採收季節，婦女和小孩在鹹菜桶內合力踩芥菜，桶子旁邊是運芥菜的牛車，原本堆得高高的芥菜，已經分批入桶，所剩不多了。

鹹菜桶个最後命運

1962
屏東市

一般農家的鹹菜桶只有一兩座，像這樣五桶並列，算是規模大的了，畢竟一桶可是能容納一萬斤的啊。

芥菜生長期很短，只要 50 幾天就能收成。農民種完兩期稻作，還可加種一期芥菜增加收入，因此 1960 年代台中大里芥菜產區沒落，轉移至屏東後，很快就普及開來。適合製作鹹菜桶的木材以亞杉、檜木為主，桶箍則以莿竹最合適，削好的竹子繞在桶外綁好後，需以桶鋏勾住使其更為牢固，再以鳥嘴棒逐步敲打至緊實。鹹菜桶口徑長達八台尺，高度則在七台尺左右，一桶可醃漬一萬台斤的鹹菜。

照片中的就是標準大小的鹹菜桶，頂部還加裝遮雨頂蓋。鹹菜產業以屏東南部鄉鎮較密集，產業中心是枋寮鄉的水底寮。幾年後，屏東也步上台中大里的後塵，土壤酸化加上傳染病，整個產業又轉移到雲林大埤去了。目前大埤生產的鹹菜，幾乎供應全台灣所需。

只是，這回雲林鹹菜的崛起，完全放棄傳統的木桶，改為水泥桶。這種水泥桶並非立於地面，而是直接埋在田間地底，桶口高出地表僅有一尺。與其說是水泥桶，不如說是水泥「槽」。水泥桶比木桶大得多，口徑可達 20 尺，深度約 12 尺，容量四萬斤，是傳統木桶的四倍。這麼深廣的桶子，已經無法再用人力踩踏，鹽巴也沒時間一層一層慢慢堆疊，因此鹽分只好提高。

失去芥菜的屏東鹹菜桶，連轉賣的對象都沒有，孤伶伶地變成廢物。久而久之，竹箍斷裂、木材腐朽，就地解體。鹹菜桶這種幾百年來的農村風物，最後就在屏東入土為安了。

現代水泥鹹菜桶（黃智偉攝於雲林大埤，2007）

1962 年，聳立在屏東市水邊的鹹菜桶，上覆雨篷以防落雨，下墊磚塊以利排水。

初中生過竹橋

1959
高雄旗山

初中生跑步過竹橋，稀奇！

竹橋感覺是「古代的東西」，初中生是「現代教育的產物」，兩者在什麼樣的時空才得以交會呢？

竹橋對岸的手巾寮地區，原本是無人居住的廣大氾濫河床，直到 1910 年代獅山堤成水患解除後，外地人口才紛紛遷入。這些開拓者包括從東邊美濃遷來的客家人，也有從西邊溪洲越溪而來的閩南人，更有三五公司遠從新竹、苗栗招募而來的「台北客」。1904 年這裡的行政區劃由里港改歸旗山，光復後因為本區閩客混居，定名為旗山鎮「廣福里」。

廣福里和旗山鎮隔著楠梓仙溪，交通受到阻絕。相反地，廣福里和東邊的美濃鎮平原連成一氣，根本分不出界線。但當初規劃行政區的時候，本地尚屬河川荒地，為旗尾糖廠開闢農場的預定地，因此才會配合旗尾一併歸旗山管轄。行政區也是學區的依據，當西岸溪洲地區設立初中，東岸「廣福里」的學童不能去上美濃的學校，反而必須冒險涉溪到旗山鎮的溪洲求學。於是，地方人士自力救濟，搭建起簡易竹架，上鋪密實的木板，供學生通學之用。

竹橋下流過的是楠梓仙溪，別看照片中一片寧靜，發起大水來可不得了。不要說颱風了，一場午後雷陣雨就有可能摧毀竹橋。早上走竹橋上學，下課後未必有橋能回。在 1960 年代台灣，溝渠或小溪上還看得到少數的竹橋，但跨越主要河川的竹造長橋，這可是非常罕見的。

1959 年，旗山鎮廣福里的初中生，跑步通過楠梓仙溪上的竹橋，到對岸的溪洲上學。

摩托車
老闆个
捐橋義舉

1962
高雄旗山

摩托車騎過竹橋,竹橋跨越楠梓仙溪,遠方可見旗尾山矗立於地平線上。雖然驚險萬分,但為了省卻繞道旗尾山腳的麻煩,機車騎士寧可冒險。稱霸南台灣機車市場的光陽企業董事長柯光述老家就住在橋畔的溪洲村內,他比所有人更渴望建立一座溝通兩岸的大橋。

畢業於台北國語學校的柯光述,日本時代就擔任過恆春郡楓港公學校校長;當時台灣人當到校長很少見,因此成為旗山的傳奇人物。旗山郡守(地方長官)非常賞識他,特別延聘他擔任副手「助役」,任內積極鼓吹在溪洲庄建立一座跨越楠梓仙溪的大橋,以終結對岸手巾寮地區長期孤絕的狀態。可惜因為太平洋戰爭爆發、物資缺乏而遭到擱置。

戰爭結束後,百廢待舉,政府財政拮据,大橋的計畫一再延宕。柯光述此時早已棄政從商,經營香蕉生意。當時溪洲農民往來楠梓仙溪兩岸種香蕉的人很多,因為沒有橋梁,每年都有人溺死。東岸廣福里是香蕉栽植重鎮,貨物運輸必須繞道,徒然浪費成本。1964 年柯光述出任高雄青果合作社理事主席,仍不忘鼓吹興建大橋,但政府預算依然不足。賺了一大把香蕉錢的柯光述,此時又轉換跑道,棄商從工,創立光陽工業,成為日本本田機車的零組件代工廠。光陽事業蒸蒸日上,終於在 1970 年自行生產第一台速克達,成為南台灣機車霸主。

1977 年,光陽機車過竹橋的畫面成為絕響!由省政府出 260 萬元、高雄縣政府出 340 萬元、光陽捐贈 350 萬元興建的大洲大橋通車。在一切靠政府的年代,如此大手筆由民間捐獻造橋鋪路,真是全台罕見。拖了 40 年的願望,柯光述終於實現了,也驗證了求人不如求己的道理。

1962 年,一輛摩托車從溪洲騎過楠梓仙溪上的竹橋,要到對岸的手巾寮。

就地取材
穿鑿屋

1972
屏東竹田

這種房子叫做「穿鑿屋」，也叫「竹管厝」。當大家使用「穿鑿屋」一詞時，就說這是客家人常用的建築結構。如果以「竹管厝」稱呼，則通常都強調是平埔族的文化特徵。

穿鑿屋的結構簡單，從這張照片可以清楚看出：主要是以天然的竹子排成列柱，橫向鑿洞以竹竿穿成十字交叉，如此便完成簡易的結構體。至於壁面，則用竹蔑（竹皮條）編成網狀，然後糊上黏土即成。為求久固，黏土中常常拌入稻稈、穀殼，甚至加一點點紅糖汁或糯米糊。更講究一點的，外面再粉刷石灰，防水效果更佳，看起來也比較有質感。劉安明拍攝這張照片時，房屋結構已經破損，剛好可以看到竹蔑編織的壁面，以及黏土斑駁脫落的樣子。

那麼，穿鑿屋究竟是「屬於」客家，還是「屬於」平埔族呢？其實，台灣從南到北，到處都可以見到利用竹管作骨架、輔以竹蔑編成面，加入土砂填充，就能完成的簡易建築體。與其說這是屬於什麼族群的文化表徵，倒不如說是就地取材的地方特色。畢竟，材料與成本才是建築的決定因素，它們構成了「低層次」的基礎結構。至於族群文化的風格差異，則多要在「高層次」的裝飾、匾聯、繪畫等才易顯現。像穿鑿屋這種簡易房屋，實在無法承載太多的「族群文化」呀！

當木材、磚瓦等建材日趨廉價普及，銷售通路又深入窮鄉僻壤，「就地取材」就會被「異地購料」所取代。新的磚瓦屋堅固、舒適、造價又不高，簡陋卻帶有地域特色的穿鑿屋也就逐漸消失了。

穿鑿屋是農村常見的建築，全台各地皆可看見。（日本時代明信片）

1972 年，竹田鄉的穿鑿屋。

磚窯取土
移山愚公

1966
屏東新園

我是現代愚公，中間那塊平地原本是座山，現在已被我剷平。這一車車的黏土不算重，討厭的是黏土常常沾在鐵軌上，軌條又鋪得高低不齊，比推台鐵的大火車還吃力。

台鐵的大火車軌距約一公尺，我們這種小台車只有半公尺。在怪手還沒「入侵」台灣以前，各種工程都要靠我運土。等這裡的土運走了，就把鐵軌撬起來，扛到另一個工地再鋪。

這裡自古以來叫做鯉魚山，是活力充沛的泥火山，每天從地底冒出泥漿，偶爾噴出瓦斯，入夜後熊熊火光，就連高屏溪對岸都見得到。來自地底的泥漿越堆越高，就長成一座小山了。別看它高度只有海拔29公尺，在一望無際的平原上，這可是唯一的地標。清代出了鳳山城要往南行，只能在地平線上搜索這微微的突起，緊緊追隨鯉魚山前進。走在高屏溪氾濫區內，風一吹，飛砂走石，伸手不見五指，行人只能蹲下來避風頭。等到塵埃落地，清理完衣領袖口眼耳口鼻內的沙粉，站起來四顧茫茫，唯一的「一點」希望，仍是地平線上的鯉魚山，找到了就不會迷失方向。

幾百萬年以來的沙塵埋入地層，遇到火山運動，被湧出的地下水帶出地表，乾掉以後就是實實在在的黏土，最適合拿來燒磚頭了。自從鯉魚山旁建起現代化一貫作業的八卦窯後，現代愚公們就像照片裡頭那樣，不停地挖土餵磚窯，挖到低於地表，黏土耗盡為止。

不過，故事還沒結束！黏土挖光了，磚窯歇業了，留下地表上一個個大窟窿。沉寂多年後，1997年這裡突然出現許多卡車，每天入夜後轟隆隆地頻繁出入，不久窟窿就被填平了。一年之後，台塑一批汞汙泥被送往柬埔寨施亞努市，並被棄置在海邊汙染環境，引起國際譁然。事件傳回台灣，檢調追查汞汙泥來源，意外牽連出案外案，竟發現更多的汞汙泥還留在台灣，它們就埋在鯉魚山腳的大窟窿裡！

1966年，新園鄉鯉魚山一帶，工人正在用台車搬運黏土。

烏个入去
紅个出來

1966
屏東新園

八卦窯的窯室有如環型隧道，平面形狀長得就像阿拉伯數字「0」，這張照片是站在「0」的迴轉部拍攝的，看起來左右兩邊的隧道內都疊滿了磚頭，其實左邊的是黑色的磚胚，右邊則是成品紅磚，也就是說，燒磚的過程是：烏个入去，紅个出來（黑的進去，紅的出來）。

首先看左邊，兩位工作人員正細心的堆疊磚胚。磚胚事先已經在戶外陰乾了，用桌型平台推車從最左邊那個拱門推進來。堆磚胚已經進行到最後階段，接下來他們就會砌一道磚牆隔斷隧道，位置就在磚胚與左側拱門的中間。事實上，磚胚的內部幾公尺處，也有一道隔斷隧道的牆，只是被遮住所以看不見。整座八卦窯的環型隧道內，被好幾道牆隔斷，每兩道牆之間就是一個臨時窯室。

窯室是燒窯的基本單位，除了前後各有一道牆之外，外側一定得對應到至少一個拱門，拱門在封窯時也要用磚頭堵死。封窯後，工人就會在隔壁另起新的窯室。新窯室的位置，大概就在照片左邊放置腳踏車處。剛密閉的窯室並不需要立即加熱，因為它後方上一座窯室正在燒火，從隔間牆透出來的熱量，正好可以達到預熱的效果。如果未經預熱的過程，就貿然施以強大火力，磚胚很容易受熱不均勻。更重要的是，磚胚中殘留的水分也要先用微熱逼出，否則這些水氣留在窯室中，將阻礙接下來的加熱過程。

反方向來看，左邊窯室的後方是前一座窯室，再往後退一座緊鄰一座，順時鐘方向繞一圈，就會回到照片右邊看到的那座了。這中間的每座窯室，都處在不同的進程。有的剛封窯，有的在預熱，有的開始加熱，有的火力全開，有的剛剛熄火，有的靜待冷卻，有的已經降溫，有的正在破窯。照片右邊那座就是剛拆除隔間牆的窯室。為什麼沒見到工人搬卸呢？

因為燙啊！

1966 年，新園鄉一座八卦窯內的窯室。

疊磚仔
也有學問

1966
屏東新園

八卦窯介於古代與現代之間。它採用一貫化作業流程，應用生產線的分工方式，並有熱傳導良好的窯室及排煙道，因此是現代的。不過，關係到成品良率最關鍵的，還是投煤師傅的功夫。師傅的功力全憑經驗，沒有標準的操作流程，也沒有手冊可以參考，因此是古代的。現代因素保證八卦窯的運作與效率，古代因素則直接決定成品良率。老闆要費心巴結的，還是只有那一兩位師傅！

燒窯成敗的關鍵在每塊磚頭是否都受到相同的火力，否則開窯一看，有些磚燒焦了，有些卻尚未燒透。另一方面，為了增加產量並節省能源，窯室內應該盡量堆滿磚頭。既要均勻傳達熱量，又要盡量堆滿，於是便發展出橫直交錯的特殊堆疊方式，從這張照片就可以清楚看出。下次經過建築工地不妨仔細觀察，每塊磚頭的側面都有帶狀的顏色深淺，那就是堆疊造成的。清代上等磚頭，堆疊採斜交而非直交，同時在燃料內添加松枝。松枝灰燼黏附在磚頭堆疊的暴露面上染成黑色，成品側面便出現紅黑相間的條紋，既美觀又高雅。

密閉的窯室，燃料從哪裡加入呢？答案就在照片上方圓拱面上的出煤孔。出煤孔向上通出拱頂外面，且每間窯室都會對應到好幾個。控制火候的師傅站在隧道上面的二樓，隨時打開地板上的投煤孔，查看窯室內的溫度溼度及燒化程度，適時投下煤粉。在精良的控制之下，理論上煤粉進入窯室頂部即開始燃燒，在飄落的過程中均勻放熱，碰到地面的當下剛好燒完，只剩下灰燼。如此一來，窯室內上上下下火力相同，從底到頂的磚頭才能同時燒透！火力控制不佳，將降低成品的良率。同一窯室內失敗的磚頭越少，磚廠的利潤越高。因此，並非所有磚廠都是保證賺錢的。

1966 年，新園鄉一座八卦窯內，工人堆磚胚準備燒磚。

磚仔
出窯了

1966
屏東新園

這是八卦窯的側面照，右邊的拱門正在出窯，左邊的則已經清空了。原本在隧道窯室的隔間牆，其位置就在兩座拱門的中央。現在因為已經拆除了，卸下來的磚頭就堆在拱門口外面。砌臨時牆的磚頭使用的是本廠燒製失敗的劣品，每次破牆時也會折損不少，算是消耗品。至於磚廠二樓，則是木板片搭蓋的簡易圍牆，上方還有屋頂遮蓋。屋頂和圍牆的最大功用是防雨，以免窯室淋溼降溫，浪費燃料。

磚頭出窯和入窯使用不同的交通工具。入窯時還是胚胎，禁不起碰撞和汙染，所以使用桌型平台推車。每次運送的磚胚不多，因為怕疊壓變形。推車使用腳踏車式的橡皮輪胎，以減少震動。

經過鍛鍊燒製後，出窯的磚頭已經非常強硬，足以擔當建築「重」任，因此使用台車運輸就好了。這些台車和軌道，與先前在取土場（見P78）所使用的相同。軌道是一段一段預先作好的，雙軌與枕木永久固定在一起。布置運輸動線的時候，只要將一段段軌道放在地上拼接起來即可，有如組合玩具一般。照片中右邊那台車子，正下方是一個圓形轉車盤，可以就地讓台車垂直轉向，然後進入拱門。這個轉車盤也是固定的組件，可以與軌道系統任意搭配。至於左邊台車下方的鐵軌，正是上一座窯室出貨的遺跡。右邊拱門口的轉車盤，就是從左邊拱門口移位過來的。出窯順序由左而右，軌道末端也依序縮退。

可拆卸式台車系統曾經廣泛使用在各種農工場所，直到堆高機出現之後才被取代。只不過，堆高機出現時，八卦窯已先一步被機器隧道窯取代了。到今天，台灣已經沒有任何一座「活著」的八卦窯了。

1966 年，新園鄉一座八卦窯的外部側面景觀。

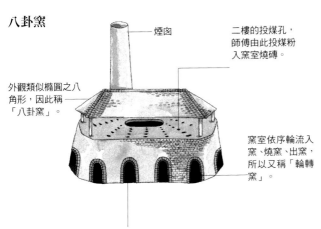

八卦窯

煙囪

二樓的投煤孔，
師傅由此投煤粉
入窯室燒磚。

外觀類似橢圓之八
角形，因此稱
「八卦窯」。

窯室依序輪流入
窯、燒窯、出窯，
所以又稱「輪轉
窯」。

每個窯室外側至少對應一個拱門，燒窯時，拱門以磚頭封閉。

水泥工
个篩仔

1961
屏東里港

俗話常說「魯班門前弄大斧」、「關公面前耍大刀」。木匠的工具是大斧，戰士的武器是大刀，這些都是眾所周知的。

除了斧鋸之外，還有木匠用的墨繩、泥水匠用的鏝刀等，都是公認的代表工具，千百年來深植人心。20世紀出現混凝土後，水泥工的代表工具就是照片中的篩子（客語稱篩仔），卻沒有形成一種技藝的象徵，更沒有崇高的地位。

混凝土是由水泥、骨材和水這三種原料組合而成的。水泥的配方有千百種，各自有其專利，是現代科技的產品。骨材就是一般人所說的石頭，當作骨材使用時，必須用篩子篩選出不同大小，視情況添加運用，並非率性而為。水泥、骨材和水之間的比例也有學問，調整其比例，可以得到不同結構性質的混凝土。

混凝土雖然是科技的產物，但其應用卻非常簡單，不需要技巧高超的師傅。正因為這樣，混凝土建築才能橫掃全球，從第一世界到第三世界，昨天剛學，今天便能上手。木匠學幾年才能出師，泥水匠訓練時間則較短，他們都被人尊為「師傅」，有相對應的收入與社會地位。水泥工則永遠只是工人，不會變成師傅。水泥工用來區分石頭大小的篩子，當然也永遠沒有地位了。

1961年，里港鄉一名水泥工正用吊繩懸起篩子。

保護財產
个鐵窗

1962
屏東里港

看，滿地都是窗框，可以蓋多少房子啊！

這幅場景透露出許多訊息。第一，窗框事先做好，當作一個零件迅速於工地組裝，表示蓋房子已經是一件迅速又平常的事情了。第二，窗框內有縱橫的鐵條，而非傳統木窗櫺，表示需要鐵窗防衛小偷。第三，揹著孩子的婦人正在進行最後的修整，表示這是一種不怎麼需要技巧的工作。以上種種，都預告了新時代已經來臨。

水泥框鐵窗應用在一層樓的磚造房屋上，是 1960 年代農村富裕的結果。一方面農民手上有錢，二方面磚瓦大幅降價，於是農村裡頭到處都在建築磚造瓦房，取代原本土墼磚砌茅草屋頂的屋子。而且為求施工簡便，便產生了這種一體成型的水泥窗，還貼心地採用鐵條窗櫺。以前窮的時候住茅草屋，裡頭都是不值錢的家當，當然也不怕小偷。如今蓋起新房子，少不了添購桌椅家具，家裡也有些值錢的細軟，當然要靠鐵窗防衛了。

再過 20 年，等到鋼筋與水泥也降價，人口增長需要新房時，透天厝應運而生。透天厝的好搭檔鋁門窗，正是水泥框鐵窗的終結者。

1962 年，里港鄉一名揹著幼兒的婦女，正在修整水泥框鐵窗的鐵條。

台灣從過去的農業社會轉變到現在的工業
社會。似乎農業就是落後的，而工業則是
進步的；農地非得變更為工業用地，地方
才會繁榮；年輕人必須離鄉到工廠做工，
將來才有前途。如果不犧牲農業，工業就
站不住腳。農與工相剋，深植在台灣人腦
中。

但，透過劉安明的攝影作品，不僅讓我們
重溫 20 世紀中葉屏東平原盛開的農業奇
蹟，也讓我們看到農與工水乳交融的情
景。甘蔗田徹底的美式農場風格、青果合
作社帶領蕉農競逐國際市場，連最傳統的
稻田也盡力與大豆、芥菜等間作。工業技
術不但是化學肥料與農業機械化的基礎，
更應用在河川整治、地下水開發、創造新
生地等，最後造就了空前的大豐收。那是
我們曾經擁有、但現在已經失去的「富裕
農村」時代……。

春耕圖

1967
屏東

這是標準的「春耕圖」，遠方有農夫駕著水牛拖犁，近處的田地已經整好也插秧了，眼前那個破敗的稻草人則是上一季留下來的，它垂直兀立，恰可與田野中乏味的水平線條形成對比，讓畫面活潑起來。

攝影和繪畫總有糾葛不清的關係。早在幾百年前，「耕織圖」就一直是廣受民眾喜愛的繪畫主題，甚至大量製造成商品販賣。在宮廷裡，耕織圖也頗受喜愛，皇帝甚至命令繪師以自己為主角，將帝王化身為圖中的農夫。

耕田與紡織雖然是日常的生產活動，但自古以來就被賦予許多抽象意義。例如豐收象徵太平，織布象徵勤勞。等到照相機發明之後，攝影師也不約而同地生產出相似的主題，甚至連構圖都非常類似。在大量發售的風景明信片中，表現稻作各種階段的整地、放水、犁地、育秧、插秧、除草、收割、脫穗、晒穀、入倉等照片，都深受大眾喜愛。每個程序多少都有地方差異，更成為攝影師喜愛捕捉的題材。其中又以除草和收穫兩個階段，北起華北、朝鮮，南至台灣、南洋，各處使用的工具和方法雖略有差異，卻萬變不離其宗，滿足新鮮感又不至於看不懂，這就是耕織題材的魅力所在。

至於稻草人，那可是攝影師的最愛，有趣的是，稻草人的工作是驅趕麻雀，因此要等到稻子結穗以後才輪到它上場。但對攝影師來說，如果選在豐收季節拍攝，稻草人下半身淹沒在稻浪中，畫面並不討喜。不如等到下一季的插秧前，再來拍攝稻草人站在田裡的孤立身影。於是，功成身不退的稻草人，妝點出淒清的早春景色，預告著新一季農忙即將到來。

日本時代畜產期刊上的水牛耕作插圖。

1967 年初春，屏東農田上的稻草人，新秧初長，遠處農民駛牛整地。

夏耘圖

1962
屏東

這張照片就像「耕織圖」中典型的「夏耘圖」，表現除草的畫面。

稻子插秧之後，接下來秧苗成長過程中，必須再三去除田裡的雜草。雜草雖然不會危害稻子的生命，但會搶走土壤的養分。昔日化學肥料尚未發達前，地力的厚薄，影響收成很大，在精耕細作下，除草便成力田的重點項目。

除草是一件需要細心的工作，因為在過程中很容易踏傷殃苗。於是，廣大的東亞稻作區內發展出各式各樣的除草方式。這張照片所顯示的是最簡單的標準型，農夫採取趴跪田中的姿勢。這種姿勢第一要掌握的是，不管是雙手或雙膝，匍匐前進時都要循著秧苗間的空隙，以免誤傷秧苗。其次，身體的重量由手和膝蓋共同分攤，這樣才不會深陷泥淖，難以自拔。第三，看見雜草只要把它壓入泥土中，而非「拔」起。

除草動作之細膩，最能表現農夫對稻作的「細心呵護」。於是，自古以來「夏耘圖」表達的「抽象意義」始終圍繞著這個主題，甚至因此衍生出「農夫與土地」之間情感深厚的意念。農事勞作在中國傳統中，早被賦予過度的象徵意義，林林總總的耕織圖也都在強化這樣的意象。除草及插秧這兩個動作中採取的低頭下跪姿勢，原不過是功能性的省力姿態，如今卻已無法擺脫「謙卑」、「低頭」、「尊重土地」等教條式的幻想了。

還好，照片中臨時客串的小朋友，讓氣氛輕鬆起來。喂！小朋友，你的右手壓壞秧苗了啦！

1962 年，屏東農民一家大小下田除草。

踔田

1962
屏東內埔

「六堆婦女勤勞能幹天下有數，清潔貞烈的品行從『丁田』（稻田中耕除草）時手握一根竹桿，頂天立地，用腳操作，充分表現了不屈潔烈的傳統精神」

這是《六堆》雜誌的封面解說文字，刊於 1982 年 2 月出版的第 12 集，封面照片是一幅和本圖極為類似的「客家婦女丁田圖」，就是數名婦女排成一橫列，拄著一根竹杖（丁田棍）同步前進，利用腳尖將雜草踩進田土裡，用腳推、踩，客語稱「踔」，因此這種除草方式稱「踔田」。因為腳尖要工作，所以必須以一根竹杖維持平衡。又因為手空了出來，往往還能撐傘。在豔陽下，成排的婦女一手拄杖、一手撐傘同步前進，這樣的奇特景象，在日本時代初期，看傻了日本人，競相攝影流傳。於是，客家婦女的丁田畫面，早在 1900 年代就登上各大風俗圖繪版面，成為宣傳客家風俗的樣板。

吸引攝影師拍照的要素單純是「畫面」，但接下來給照片加註解，則是記者、學者的工作了。在意識形態掛帥的時代，這種「站立」除草的奇風異俗，若是與「不屈不撓」、「貞潔」等混為一談，很容易得到大眾的認同與喝采。於是，各種忠孝節義與民族氣節的說法紛紛出籠，最離譜、也流傳最久的一種說法是：

「客家人具有漢人的民族氣節，她們不願意跪在滿清的土地上，因此站著除草！」

以上這些說法隨著時代風氣而改變、隨著政治正確而轉移，現在都紛紛褪色了。事實上在中國各地，拄杖務農的情景本來就不是新鮮事。尤其是除草這種需要彎腰的動作，又或者是老齡農夫下田時，很自然就會利用手杖當作輔助。如果你還執著要問「為什麼」，何妨把丁田當作一種聰明的巧思，既省力又防晒，更能避免婦女趴跪在地的尷尬姿態。如此而已！

明英宗天順年間出版的《耕織圖》，證明在滿清統治中國之前，就已經有人「不肯跪在地上除草」了。

1962 年，內埔新東勢農婦一手拄杖、一手撐傘，在稻田裡除草。

新穀登場

1962
屏東

現在我們常用的「登場」一詞，就是來自於這幅情景。

可別以為這是稻草堆，它其實是田間的簡易穀倉，由帶穗稻稈堆積成的，稻穗朝內、稻稈朝外。在脫穀器具尚未普及前，農民收割稻穀後，不會現場打穀脫穗，而是將一把一把的稻穗拿到田邊空地，堆積成這麼一座小山，農業上的專門用語就是「登場」。照片中的左邊那座已經堆置完成，連頂部都已封閉；右邊那座尚未完成，可以看到供人攀登的橋板，方便農人爬上爬下。

登場的目的是暫存稻穗，防止雨淋雀啄。等到全部收成完畢，再將稻穗取出，分批次脫穗。由於缺乏省力器具，脫穗只能用槤枷拍打，需要耗費許多時日。因此，在收成後暫存稻穗當屬必要。如何省卻這種麻煩的流程呢？只要應用打穀機，加上互助換工的制度，就能結合好幾家的農民，集中人力採收同一畝田，割稻後立即打穀。如此一來，登場的流程就可省略。

進入 20 世紀，登場的場景越來越少見了。只有在偏遠的鄉間，或許缺乏機具，或許沒有鄰居，偶爾還能看到這種暫存稻穗的小丘。到了劉安明拍照的年代，這種稻穗小丘幾乎已經絕跡。從照片中右邊尚未封頂的開口，可以清楚看到內部存有穀粒。這些穀粒因為要繳交到農會去，不必送回自家穀倉，在暫存田間的過渡時刻，多年不見的臨時貯存方式得以重現。雖然內部貯存的並非稻穗，但至少外觀上重現了久違的農村景觀，聊勝於無了。

康熙年間《諸羅縣志》中「番俗圖」所描繪平埔族新穀登場。

1962 年屏東鄉間，田間暫存稻穀的簡易穀倉，左邊頂部紮護完整，右邊尚未完成，因此放了可供人上下的橋板。

這也算農業機械化？

1967
屏東

大埕上晒完的稻穀，通常還要用風鼓機篩選，將雜質與空心的稻穀吹走。這個步驟非常重要，因為早期農家都是土埕，很少有鋪水泥的，稻子經過曝晒後難免夾雜沙土。此外，穀粒中本來就會有一些空心的劣等穀，必須用風力剔除，才能符合交貨標準，否則農會可以拒收。

如果沒有風鼓機，篩選的工作就很辛苦了。通常農民會選擇風大的時候，用畚箕揚起稻穀，但不一會就腰痠背痛了。要是老天爺不幫忙，等不到起風，只好增加人手用大扇子搧了。

在人工廉價的 1950 年代，勞力僅占稻米生產成本一、二成，其他主要是肥料農藥等開銷。隨著工業化進展，農村勞力逐步流失，工資當然跟著漲價。與此同時，肥料和農藥的單價卻越貶越低。到了 70 年代，勞力已經成為稻米生產最主要的成本。解決之道，想當然要用機械替代人力。只不過，台灣稻田產權零碎，農戶生產規模太小，難以負擔購買機具的費用。另一方面，農機具下田必須經過道路，但許多農地並未鄰接道路，如果穿越他人田地，難免引發糾紛。再加上多數農田地界並不方正，有許多機具無法顧及的死角。這些問題，都必須等到農地重劃成功後，才有可能改善。

機械化過程困難重重，但這位仁兄已經等不及了。這是他發明的電扇篩穀法，也算是響應政府「農業機械化」的政策啦！

1967 年，一位屏東農民在稻埕上架起三座電扇，自製風力來篩穀。

鐵牛哥，打拚哦！

1962
屏東

一包稻穀 50 公斤，「鐵牛哥」一次扛一包上卡車！即使腳踏獨木橋板也如履平地。只不過，從地面扛上肩比較麻煩，需要兩名幫手左右扶持，「鐵牛哥」側身下肩抵住布袋，然後順勢扭腰轉身，大開步伐搬貨上車。台灣稻米產量高峰時期，全年總產量換算成這種包裝，竟然超過六千萬袋！

有什麼辦法呢？台灣是小自耕農的天下，稻農每戶田地面積平均不到一甲。田間小路曲折，整個生產過程全靠人力或水牛，不可能集約生產。零碎生產的結果，不但機械化困難，而且衍生多重成本。就拿稻穀運送來說，即使只是短距離送往農會倉庫，還是得大費周章裝入麻布袋，然後人工扛上卡車。雖然半小時就能抵達目的地，但接著又得勞煩「鐵牛哥」搬下車。隨後，農會人員立即拆開麻布袋，驗明成色斤兩，迅速入倉；因為麻布袋的周轉十分吃緊，得馬上清空隨卡車前往下一戶農家裝載。

麻布袋上的花樣林林總總，有的是美援印記，也有台糖或是台肥標誌的。不管它們的身家背景與出生地為何，在鞠躬盡瘁之前，它們可能裝過砂糖、稻穀、肥料及各種雜糧。它們服務的範圍從田間到工廠，從工廠到碼頭，甚至有些隨船出海再也不會回來。

「鐵牛哥」肩頭的重荷，有賴散裝運輸才能解決。只不過，散裝需要更昂貴的大型鋼鐵容器，需要特製的卡車車斗，台鐵也要配合添購散裝穀斗車，高雄港更要建設巨大的散裝倉庫。萬事具備之前，農會也曾試驗性的改裝牛車或卡車，試圖讓鄉間短距離運輸先行散裝化。只不過，改裝車沿路掉穀子，司機車夫和工人沒事也抓一把塞口袋，最後糾紛四起，搞得大家對散裝信心盡失。

所以說，「鐵牛哥」您不能走！埋頭苦幹之餘，記得早晚服用運功散，才能祛傷、解鬱，繼續為台灣的農業奇蹟奮鬥下去！

1962 年，屏東農田邊堆了一包包等待運送的稻穀袋，搬運工在兩名幫手的協助下，將一包稻穀扛上肩，再走上架在卡車後端的木板，搬貨上車。

豆仔大豐收

1964
屏東竹田

秋天晚稻收成後，農民立刻播下大豆，忙得一年到頭沒有空閒。大豆長得快，大約年底就能收成，照片中這位農夫手提兩大捆豆枝，背後空地上則是剛打下來的豆子，遠方背景則是豐收的大豆田。

高屏地區屬於亞熱帶氣候，平均氣溫約 25℃。在此氣候條件下，不論種植水稻、豆類或果樹等，其成熟期均較台灣中、北部來得早。只要灌溉發達的地區，農民連作兩期稻作後，還有餘裕搶種一期大豆，農地運用可達全年無休。兩作水稻搭配一作大豆的策略成功，讓屏東成為大豆王國，極盛時期產量高達全台四分之三以上。

你看這一把把的豆枝，上頭長滿豆莢，每莢裡都有好幾粒飽滿的豆子。這麼多產的品種，就是 1950 年代政府強力推廣的美國「百美豆」，產量比台灣在來種高出許多，不愧是「俗擱大碗」的美國風格。

大豆的用途很廣，豆腐、豆漿、豆花全都靠它。奇怪的是，這幾萬公頃的大豆，怎麼吃也吃不完啊！其他豆子到底都幹什麼去了呢？答案很簡單，就在香酥的炸排骨裡頭。

炸排骨的主要原料有二：豬肉和油，兩者都來源於大豆。農民收成的大豆，真正拿去磨豆漿、做豆腐的量並不多，大部分其實都進了煉油廠。油廠把大豆中「油」與「不油」的兩大部分分離，油脂煉成沙拉油，糟粕做成豆粉拿去餵豬。等到下回它們相遇，就是排骨肉丟進滾燙油鍋的時候！

1964 年，竹田大豆田豐收時節，農民正在收拾一捆捆採收下來的豆枝。

種大豆真費氣

1964
屏東竹田

歲末仍無寒意的屏東，放眼望去盡是採收大豆的情景，就如這張照片所見。畫面前景為五堆呈三角錐狀的豆株，後方兩名農婦正在篩豆子，仔細看中間地帶可見短短的稻株殘留。遠方那一堆並非稻稈，而是脫豆剩下的豆株，包含根、枝以及空的豆莢。

晚稻收割之後，稻株殘基留在原地是有道理的。一般農作物的栽種方式，大多先開溝作壟，以利播種。大豆的方式則與眾不同，它是以人工手持小鐵鏟在稻叢基處挖孔，另外一隻手取豆種三、四粒丟入穴內，因此才有「禾根豆」之名。這樣的播種法，農夫必須彎腰蹲行，不但費力且效率低。古人常常以稻苗插秧為題材，描寫農夫工作的辛勞。不過，插秧雖然也得蹲跪，但至少不必挖穴，直接將秧苗插入泥巴中就好了。比起插秧，大豆播種更加費氣（麻煩、瑣碎）、更加辛苦。

大豆採收也是麻煩事。稻子採收還可以用鐮刀割，大豆則必須連根拔起，然後一把一把倒立在田裡曝晒。屏東酷熱的天氣此時又發揮優勢，大豆採收雖在冬季，仍然有充足的日照。整株豆株晒乾以後，才能進入最後階段的重頭戲——打豆仔。

1964 年竹田，被連根拔起的豆株，以倒栽蔥的姿勢豎立在田間曝晒。

打豆仔

1964
屏東竹田

每年 11、12 月為大豆採收季，農民將晒乾後的大豆株，平整堆放在晒場上。累積相當數量後，一群人通力合作，成兩排各據一邊，揮汗轉動豆篙打豆子。豆篙一起一落，韻律盎然，成為冬季屏東平原的特色景觀。

打豆子的器具是用竹篙做成的，客家話稱為「豆篙」、「豆絞」。農業上正式的名稱是「梿枷」，是一種古老的脫殼農具。古代農業器材不發達的時候，稻子都是連稈帶穗收回農家暫貯，等到農事稍閒才分批取出在大埕上鋪開，用梿枷拍打脫穗的。原本在稻作中遭到淘汰的古老器具，後來因為大豆栽培而復活。只不過，台灣人就地取材，梿枷都是用竹子做的。空心的竹子好處很多，除了輕便易使之外，還能藉由彈力敲開豆莢卻不傷害豆子。

經過豆篙拍打以後，豆子會從豆莢內跳出。農民將豆子集中收起，剩下的根莖葉莢統稱為「豆萁」。豆萁可以當作柴火，這就是曹子建〈七步詩〉中「煮豆燃豆萁」的典故。此外，大豆的「固氮」能力超強，是一種天然最佳的氮肥，因此豆萁也可以灑回田地中當作綠肥。

人工打豆的脫粒方式過程繁雜，耗費人力又脫不乾淨。直到間斷式脫粒機發明後，豆篙擊豆乃成絕響。如今大豆採收更為一貫化，農民駕駛履帶式豆類聯合收穫機，輕鬆愉快！

「響落梿枷急，塵浮夕照濃」的詩句，從此只能是詩句，而在現實生活中徹底消失了。

1964 年竹田，農民在禾埕上用梿枷打豆子。

豆篙（豆絞）

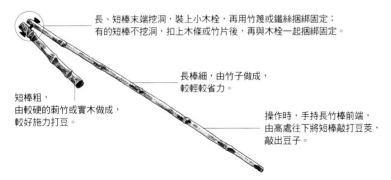

長、短棒末端挖洞，裝上小木栓，再用竹篾或鐵絲捆綁固定；
有的短棒不挖洞，扣上木條或竹片後，再與木栓一起捆綁固定。

長棒細，由竹子做成，
較輕較省力。

短棒粗，
由較硬的莿竹或實木做成，
較好施力打豆。

操作時，手持長竹棒前端，
由高處往下將短棒敲打豆莢，
敲出豆子。

紗網
妙用多

1964
屏東竹田

辛苦打了一天豆，是該驗收成果了。脫莢後的整株豆其一把把拾起，剩下的就是豆子了。農民將預先墊在底下的紗網四周撩起，將豆子往中央集中，無用的塵土及碎屑被紗網濾掉，仍留在地面。最後把豆子裝袋打包，就可以賣給工廠了。

可別小看這輕薄的紗網，它可是妙用無窮的。農民在處理五穀雜糧時，不管是脫殼、曝晒、去稗等過程，都必須在大埕上處理。一般農家連房屋都未必用得起磚瓦，大埕當然更不可能鋪地磚，更別說敷上水泥了。因此，繳庫入倉的農產品，普遍混有沙土雜質，買賣雙方都為此困擾不已。於是，糧食局與農會訂立各種獎勵規則，補助農民建設水泥晒場。

政府的立意總是良善的，但即使補助部分價款，勤儉成性的農民也未必願意「把錢丟到地上」。此時，紗網便出場了！這種石化工業創造的新材質，重量輕、體積小，又可任意摺疊，攜帶方便。在價錢方面，更是親民愛民。

有了紗網，田間空地隨處一鋪，立即變出一個臨時晒場，再也不必氣喘吁吁地將穀物運回家裡的大埕。做為替代大埕，紗網妙用此其一。穀物在紗網上歷經曝晒翻攪後，農民就準備收網。收網從四角邊緣開始，穀物逐漸向內部集中，因此連耙子都省了。做為替代耙子，紗網妙用此其二。接著，收網過程中不斷撩揚，灰塵飛起，沙土濾掉，替代了令人腰痠背痛的簸揚動作。做為替代竹篩，紗網妙用此其三。

1966 年政府開放進口美國豆，敲響屏東大豆的第一聲警鐘。1970 年美國黃豆協會在台灣設立辦事處，協助工廠提升榨油技術的同時，也深化了沙拉油業者對美國豆的依賴。本土大豆在美國豆的威脅之下，種植面積日減。最後的致命一擊發生在 1988 年，政府宣布大宗貨物進口全面自由化，廢除配額限制與聯合採購，美國豆進口障礙完全解除。如今，台灣已是美國黃豆第三大進口國，本土大豆早就無力挽回頹勢。大豆的好朋友稻米，也在這些年生產過剩，屏東水田竟大舉轉作檳榔。當年水稻與大豆共同創造的農業大躍進，就此走入歷史。

1964 年竹田大豆田，農民合力匯集脫莢後的豆子，前方農婦將豆子耙攏成堆，準備裝袋。

討價還價

1960 年代
屏東

這畫面雖然含蓄，但該表達的一樣也不少。

農夫站在中央稍微偏右，他頭戴斗笠，身上單薄的襯衫鈕子只扣了兩顆。左邊那位看起來是位辦事員，他頭戴鴨舌帽，身上套著皮夾克，毛茸茸的衣領緊包著脖子，腳上穿著皮鞋。農夫在田裡工作時間長，需要遮陽效果好的斗笠，工作會流汗，當然不能穿太多衣服。平日習慣只穿汗衫、打赤腳下田的他，今天因為要見「長官」，特地穿上襯衫、襪子與布鞋出門。即使如此，他仍受不了鈕子的束縛感，連袖口也捲起半截。

至於這位「長官」，他的身分有許多可能：或許是農會辦事員，或許是大豆工廠的收貨員，甚至可能是政府公務員。無論如何，他們都是現場驗收農產品的「長官」，掌握及格與否、價錢高低的裁判權。對平常坐慣辦公室的「長官」來說，親自赴田間驗收最怕風吹雨淋，防護工作是很重要的，因此帽子和夾克都不能少。

這樣子的驗收場景，並非平等的買賣雙方，當中還隱藏著官民之間的上下關係，以及不同職業的社會地位落差。稻穀的買家是農會，甘蔗的買家是糖廠，雜糧的買家是特許工廠。農民要面對的買主，全都具有官方色彩。更精確的說法是，在農民的眼中，這些買家才是真真切切的「官老爺」。反正根據數不清的各種法律、條例、辦法，只有他們才是政府「唯一核准」的收購對象。如果不賣給他們，官府就會祭出各種條例來治你的罪。

照片中農夫正面盯著「長官」，嘴裡正說著什麼，而「長官」低著頭檢查手中的樣品，兩人似乎在討價還價。而視線順著農夫斗笠右邊向後方延伸，遠處還站著一位焦急等待驗收成果的農婦呢！

1960 年代，屏東農民和驗收員正在為裝得滿滿的穀物講價錢。

從果嶺變成果嶺

1960 年代
屏東高樹

高爾夫球運動中以「果嶺」這個術語指稱球洞所在區域,這裡的草修剪得較短,以利於球的滾動。「果嶺」由英文「green」音譯而來,可別望文生義誤會成「長果子的山嶺」。不過,照片中這片台鳳公司所屬長滿鳳梨果子的山嶺,有朝一日竟真的成為「果嶺」了。沒錯!這片鳳梨田已經在 1990 年改建為高爾夫球場,而業主仍為台鳳公司。

位於瑪家、三地門、高樹三鄉交界處的台鳳高爾夫球場,號稱東亞最大,具有 27 個球洞。在設計上,場內有多處人工瀑布與溪流,部分果嶺為孤島式,是一處高難度的揮桿場地。由於地處落雷區,場內不但裝備先進的避雷警報系統,還設有八座避雷屋。

種植鳳梨起家的台鳳公司,竟然將鳳梨田推平改營高爾夫球場,反映了台灣社會的變遷與農業的沒落。隘寮溪出山口兩側各有一座大台地,自古稱為「北坪」和「南坪」,坪頂坡度平緩,適合種植鳳梨。日本時代全台灣最大的「合同鳳梨株式會社」就從這裡起家,撐起南台灣鳳梨產業的一片天空,外銷日本,繁榮農村。如今,不但北坪變成高爾夫球場,南坪上的鳳梨田也變成屏東科技大學校地,不再種植鳳梨了。

1960 年代,台鳳公司所屬的這片鳳梨田,已在 1990 年改建為高爾夫球場。

另類
河川地
綠美化
工程

1960 年代
高雄旗山

噓！不要說我「侵占河床」、「妨害行水」，我在做「河川地綠美化工程」啦！

旗山溪上的菜圃，就像照片上看到的這麼整齊美麗又壯觀，站在旗尾溪橋上一目瞭然。遠方那座鐵橋是給台糖小火車走的，從橋墩配置可知菜圃確實位於行水區內。當然，在增產報國的年代，這種利用河川地的行為是受到肯定的。河床上堆積著洪水帶來的肥沃土壤，種出來的菜特別肥美。雖然在颱風季的時候，菜圃地基可能會被沖失，不過河床上別處仍會長出新的灘地。舊的灘地反正已經種了幾期蔬菜，地力衰退。到時候轉移陣地到新灘地，又能享受肥沃的新土壤了，完全符合「輪耕制」的精神！

除非遇到像賽洛瑪颱風（1977 年）那種傷亡慘重的怪颱，否則每年洪水氾濫並不一定是壞事，也未必造成多大的災害。然而，時代靜悄悄地改變，都市化和工業化持續擴大，公共建設也越來越積極。1996 年的賀伯颱風成為劃時代的分水嶺，這次颱風造成里港橋斷裂，水災造成的損失也從農牧業轉移到房屋與公共建設。接下來，民眾和政府終於正視河川整治，也開始調整公共建設的方向。河床上的菜圃和香蕉園，從以往「受災戶」轉而成為「全民公敵」，苗頭不對趕緊收山啦！反正現在做農，根本也賺不了什麼錢哪！

1960 年代，旗山農民忙著澆灌旗山溪上的菜圃。

香蕉
集貨場
真鬧熱

1964
高雄旗山

香蕉集貨場只是一個大棚子，收成季節蕉農都會聚集到這裡，當場秤量香蕉的重量，驗明品級，然後封入制式的竹簍中。竹簍外面漆上大大的標記，以區別貨主。雖然標記各異，但共同的是一定會漆上「中華民國台灣省產」八個大字，因為它們全部都是要外銷日本的。

台蕉銷日早在日本時代就已經開始，由青果合作社掌握銷售。由於當時台灣屬於日本領土，因此並不算是出口貿易。光復後台灣脫離日本，台蕉銷日變成國際貿易行為，受到日本進口政策的限制，市場無法擴大。直到 1964 年日本開放香蕉自由進口，台灣香蕉生產急劇擴張，1967 年創下銷日 39 萬多公噸的紀錄，占日本香蕉市場的九成。

於是，南從屏東、北到新竹，全台掀起一片香蕉熱。只要有一點地，農民就迫不及待地改種香蕉。尤其是旗山，更是香蕉最大的產地。收成季節，往來集貨場與高雄碼頭間的大卡車，不分晝夜，一路鳴著喇叭衝刺，連交通警察都不敢阻攔，以免誤了裝船的時間。旗山的香蕉園，又以比鄰美濃的廣福里河川新生地最多，品質亦佳。廣福里位於旗尾糖廠南邊，從日本時代以來就用榨完甘蔗剩下的「濾泥」改良土地，因此土壤飽含糖分，一棵蕉樹可產好幾把香蕉。

和日本時代一樣，當時香蕉出口依舊掌握在合作社手上，高雄青果合作社理事主席走路有風。外號「蕉神」的吳振瑞，在任期間適逢香蕉輸日巔峰，樹大招風，遭人栽贓，爆發 1969 年轟動全台的「剝蕉案」。案發不久，菲律賓香蕉取代台灣在日本的市占率，蕉農收入暴落，最後在黃熱病大流行的打擊下，結束了「香蕉王國」的年代。

日本時代明信片中的香蕉集貨場，與 1960 年代沒有太大差別。

1964 年，旗山蕉農忙著在集貨場秤重，準備出口到日本。

不標準
又不現代
个竹簍

1964
高雄旗山

是誰躲在那裡偷拍？別以為我不知道！嘴上罵著，臉上卻帶著笑容。

顯然這位攝影師已在香蕉集貨場穿梭多時，大家對他早見怪不怪。等所有人都問煩了「你到底在拍什麼？」後，才是好作品誕生的起點。

堆得高高的竹簍，清楚可見其結構。這種竹簍不只用來裝香蕉，也廣泛應用在各種蔬菜水果上。這種情形，讓美援年代的美國經濟顧問看了直搖頭，建議中華民國政府的技術官僚，趕緊進行包裝與運銷的「標準化」與「現代化」，台北的技術官僚又比美國人更鄙視這種「不標準」的農業生產模式。

首先要消滅的就是竹簍了。這些圓桶型的竹簍，裝載在卡車和船艙裡頭，必然無法緊密堆疊，中間的空隙會造成浪費。其次，竹簍的原料是竹子剝皮而成的竹篾條，採手工製作而非機器生產，因此每條的粗細厚度不一，不符合「標準化」的工業精神。

怎麼辦？找美國人就對了！美國人早已準備好一份名單，由美國的特定廠商提供機器，輔導台灣人設立紙箱製造廠。這些機器雖然是美國淘汰不用的，但做為對於落後地區的「恩賜」，仍綽綽有餘。中央政府某大員於是找來高雄青果合作社理事主席吳振瑞，要求合作社禁止使用竹簍，馬上和這家新成立的紙箱公司簽約。很湊巧，紙箱公司的老闆就是中央大員的弟弟。吳瑞振斷然拒絕此議，民間傳說這就種下了「剝蕉案」冤獄的種子。

傳說歸傳說，「現代化」仍是無法迴避的課題。站在輔導立場的經濟部官員，並不知道早在半世紀前，三五公司和高砂製糖會社就曾在這片不毛之地投下鉅資，嘗試模仿美國式大農場的現代化集約生產，最後終歸失敗，不得不向台灣根深柢固的「小農主義」低頭。這些看似雜亂無章的自耕小農，使用半手工製作的農具和容器，創造出盛極一時的香蕉王國。除了香蕉以外，台灣的養殖業、花卉、養豬業，哪一項不是「小農主義」的成果呢？看來那些留學歸國的高官們，真應該好好了解台灣產業的真相吧！

1964 年，旗山香蕉集貨場上的作業女工。

今晡日
捉到
幾多尾
鰻仔？

1964
屏東鹽埔

等我長大也要當「鰻魚大王」哦！先別管這些，快點去看看我的鰻魚籠，不知道今天（客語稱今晡日）成績如何？

在屏東，「鰻魚大王」林東國可以說是無人不知。林東國是連任兩屆的老縣長林石城之子，他在 1974 年於內埔創立的松城產業，原本只是一家小型鰻魚加工廠，專門外銷日本。事業擴大以後，開始養殖草蝦和鰻魚，並且在 1988 年到馬來西亞設廠，占地廣達 2,400 公頃，號稱全世界最大的養鰻場。因為事業成功，他還被馬來西亞國王封為「拿督」。

林東國的成功，是屏東養殖業興盛的縮影。在養殖業發達之前，人們食用的水族兄弟們，不管是海的還是淡的，也不管是有殼的蝦蟹還是滑溜的魚類，都是抓野生的。由於鰻魚價錢好，農家孩童往往自己編籠捕鰻，賺取外快。

鰻魚籠用竹子編成，長度約二尺，直徑只有半尺，靠近入口處設有一圈倒插竹片，鰻魚易進難出；籠內放置腐臭肉塊作誘餌，迎合鰻魚喜腥的胃口。鰻魚籠和一般魚筌構造相似，只不過外形呈細長圓筒狀，這也是為了鰻魚的鑽洞嗜好而量身訂作的，至於上方豎立的竹竿，則是方便標示位置，並且識別業主用的。

照片中清淺的河水，源頭來自天然湧泉。1970 年代以後，泉水源頭被大量興建的攔河堰剝奪，加上地下水開發，處處鑿井，地表河水與湧泉紛紛枯竭，野生的魚貝蝦蟹失去生存空間。最後的致命一擊發生在養豬業起飛後，豬隻排泄物嚴重汙染河川，昔日放籠抓魚的景象終於絕跡了。

1964 年，鹽埔鄉的孩子們划著竹筏，前往溪中放置鰻魚籠的地方，查看捕了多少尾鰻。

高樹橋下
畜鴨仔

1960 年代
屏東里港

這是橋下養鴨的鼻祖,照片右邊邊緣可以看到半柱橋墩,左邊那柱橋墩則出了畫面左框外。養鴨人家利用兩根橋墩當作左右牆,橋樑底面則成了天花板,前後兩側再用矮籬笆圍起,就是一間鴨寮了。高樹大橋下灘地廣闊,大部分橋墩下沒有水流,利用這種方式可以圍起好幾間鴨寮,內部再用矮籬笆隔成數室。照片中拍攝的這一室地上鋪著稻草,是給雛鴨棲息的場所。

從鴨寮向外眺望,遠方橫陳一條簡易攔水壩,這就是里港圳的圳頭。圳頭取水口大約在竹叢下方。竹叢基部向左可以看到攔水壩的結構裸露,是竹木架構的草土壩。循著壩體向左延伸,接近照片左緣可以看到河水溢流了出來。這種低矮的攔水壩,只能截取少部分溪水,超過壩頂的水流就自然放流走了。當初建築高樹大橋時,水利局原本建議壩橋合一,省去簡易壩年毀年修的麻煩。後來計畫變更,改從上游隘寮壩統一取水,現在,中下游這些攔水壩都已絕跡了。

高樹大橋落成於 1961 年,是光復後屏東第一座永久大橋,至於交通最繁忙的里港等橋都只建過水橋。經濟價值不高的橋梁,反而得到省政府的支持建設,背後其實是為了軍事考量,此乃 50 年代以來特殊時空背景下的產物。大橋施工當時,剛從八二三砲戰凱旋歸來的陸軍大膽部隊回到高樹,也投入了鄰近振新堤防的建設行列。在振新堤防的庇護之下,前幾年安插至此的大陳義胞才能安心住在河川新生地上,希望開墾成功,農產豐收。

有了高樹大橋,游牧趕鴨的隊伍獲得一處安定可靠的河濱據點,逐漸轉型成為定址養鴨了。20 年後,里港、里嶺、高美、南華諸大橋紛紛架起,橋下立刻成為養鴨重鎮,直到 1990 年代政府大力取締後才逐漸消失。

1960 年代,利用高樹大橋橋墩建成的鴨寮,遠方為里港圳圳頭。

河壩脣个
畜鴨場

1960 年代
屏東里港

這張照片是一座典型的鴨寮，鴨農在河邊（客語說河壩脣）築籬笆養鴨，籬笆設有門閘，白天把鴨子趕出去沿著溪流打野食，晚上回來鴨寮睡覺。鴨寮旁還會建立大竈，煮一些食物給鴨子補充營養。

劉安明在開相館當攝影師前，曾經過了一年的養鴨生活。為了給鴨子進補，他去田裡抓青蛙，剁碎後混著菜葉，充當鴨子的大餐。

攝影若非追隨流行，則必然從自己的經驗出發，尋找題材。劉安明自己養過鴨，對此相當熟悉，因此能夠攝取養鴨的各種面相。特別是高樹大橋下的養鴨場，可以利用橋面上的有利位置，居高臨下捕捉各種畫面。

時至今日，照片中這種侵占公共水域的鴨寮也絕跡了。現代鴨場像漁塭一樣，用怪手開挖人工大池，場內散布漏斗型飼料塔。鴨子不再趴趴走，每天張嘴就吃、縮頭就睡，全部成了飼料鴨。養鴨場四周用鐵絲網團團包圍，設有電眼和警報器，謝絕參觀，禁止拍照！

1960 年代，高樹大橋下一座在隘寮溪水岸築籬圍成的鴨寮。

現代
鴨姆王

1960 年代
屏東里港

台灣農村只要有水的地方，常常可以看到「鴨母王」手執長桿，指揮鴨群如千軍萬馬。康熙年間造反的朱一貴，便是以趕鴨維生，據說他在水中見自身倒影著帝冠龍袍，所以相信自己是真命天子。

在朱一貴的時代，趕鴨人和他的鴨群逐水草而居，並沒有一定的住所，所以這些趕鴨人被社會視為好作亂的壞份子。等到土地逐漸開闢，河灘和溼地越來越少，鴨群無法只靠放牧吃飽，遊動趕鴨才變成定居養鴨。此時養鴨人必須占據一塊水域，建立自己的鴨寮。

照片中的現代鴨母（客語作姆）王，正在指揮雛鴨們聚集一塊，準備餵食。他的鴨寮是竹木搭建，覆蓋茅草頂，可供鴨隻避寒躲雨。鴨母「后」蹲在水邊洗衣服，證明水質仍佳，可供洗滌。

這些小規模的養鴨，在 1972 年縣政府大力鼓吹之下，紛紛擴大規模，造就屏東成為養鴨王國。除了屏東之外，宜蘭是另一個養鴨重鎮，其他如新竹頭前溪、彰化雲林濁水溪兩岸、台南高雄二仁溪流域，也都有相當的規模。屏東和宜蘭養鴨興盛的背景條件相同，都是因為有廣大的河川地，加上水源充沛、地下水位高所致。

養鴨汙染水源的爭議，大約起自 1983 年，首先在新竹頭前溪爆發。此後，各地方自來水源的汙染，紛紛歸咎於養鴨業者。於是，鴨母王又變成官府捉拿的對象，開始另一段率鴨流竄的生活。

1960 年代，養鴨人在高樹大橋下的鴨寮準備飼鴨。

群鴨亂舞
高屏溪

1960 年代
屏東里港

任誰看到這幅景象，沒有不怵目驚心的。密集的鴨子把河床染成雪白大地，幾乎不留一絲空「黑」。河床上飼料堆成一座一座小丘，卡車上堆疊一落一落竹簍，裡頭盡是準備送去屠宰的鴨子。如果親臨現場，那滿天飛舞的鴨毛更易引人反感，加上隱隱的臭味，民眾便會警覺到──有汙染！

1980 年代末，養鴨事業蔓延到更下游的高屏溪鐵橋下，逼近高雄自來水的取水口。這個取水口是高雄市區最早的水源，日本時代以來水質不錯。光復後高雄市人口增加，民生用水需求大增，自來水公司除了增闢水源，還建立了澄清湖自來水處理廠。隨著天然水源的水質惡化，水廠的氯越下越重，民眾把水燒開都還無法完全去除臭味。於是高雄自來水臭名傳遍全台，大家都知道高雄人飲用水得花錢另外買。

劣質自來水醞釀民怨，高雄市民終於忍無可忍。要消除民怨，揪出真正禍首是緩不濟急的，只好趕緊找替罪羔羊。這時養鴨場百口莫辯，像照片中這一片雪白，所有路人過橋都看在眼裡。此外，養鴨場侵占河川地也是事實。河流兩岸西邊是高雄縣，東邊是屏東縣，原本和高雄市不相鄰。高雄市民怪罪兩縣政府取締不力，兩縣民眾才發現原來寶貴的水資源都被高雄市穿山越嶺引走了。打擊屏東農畜業，目的是維護高雄市民的飲水。養鴨汙染牽扯越來越多，演變為政治問題。

其實，一隻豬的汙染等於七個人，一個人的汙染大於十隻鴨。高屏溪養鴨號稱有 100 萬隻鴨，但陸地上的養豬場也養了 100 萬頭豬，其汙染力堪稱鴨隻的百倍，是高屏溪最大的汙染源。但是，養豬場散處鄉間，民眾不易親眼目睹，不像河面鴨群的畫面，直接而震撼。加上養豬事業資本龐大，牽涉太廣；養鴨場則小本經營，老闆多沒有政經背景，可以放心下手取締。權衡得失之後，社會與輿論「聰明」地把矛頭指向養鴨場。

本次民怨的祭品是全鴨大餐，沒有豬肉，也不摻雜其他農畜工業產品，請民眾放心享用！

1960 年代，一位農夫騎著腳踏車經過高屏溪上游的里港橋，後方河灘一片雪白，不是白鷺鷥，也不是芒花，而是養鴨場養的數十萬隻鴨子。

𠊎个魚仔
有較大無

1964
高雄美濃

這是美濃中正湖的清晨,漁家一早便划著竹筏巡視,左邊遠方是中正湖的招牌——中正亭。中正湖屬於農田水利會所有,是一個利用天然低地施工築成的人造湖,用來貯蓄灌溉用水。這位老兄充分利用天然資源,就在淺水區插竿圍網,竟和當今最流行的「箱網養殖」異曲同工。他把湖中抓到的魚分類,體型夠大的直接出售,稍嫌瘦弱的則放入自己的網中飼育。當時養殖業尚未興起,這是介於自然漁撈和漁塭養殖之間的過渡時代。

養殖漁業的興起,需要許多外在因素配合,才能推展。首先,屏東地區的地下水位很高,特別是美濃南邊那塊隘寮溪新生地,雖然地表河川已經在上游被堤防截斷,強迫改道,但地底下的伏流水並未轉向,成為新生地地下水的補注源頭。地下水位高,打淺井便能得水,漁塭的水源問題迎刃而解。

其次,挖土機、抽水馬達、溶氧打水機的普及與廉價化,催生了屏東平原養殖業的繁榮。有了漁塭之後,傳統湖沼溪流的漁撈業很快就消失了。養殖業可以針對市場需求,決定養殖的魚蝦種類,也可以透過飼料和藥品控制生長。像這張照片中的養殖方式,勢必遭到淘汰。更何況,政府對於河川或湖泊的管制越來越嚴格,在水域內構築工寮、網寮、漁網攔截等,都是違法行為。還有,現代化的河川整治消滅了「不經濟」又「不安全」的淺灘區,逼迫傳統漁撈走向絕路。於是,今天我們餐桌上的河鮮海鮮們,「野」的越來越少,而「養」的越來越多了。

1964 年,美濃漁民正在查看中正湖圍網區的魚兒。

埤塘
變魚塘

1964
高雄美濃

自古以來，美濃農田依賴這座「中圳埤」蓄水灌溉。此處原本地勢低窪，客家先民入墾美濃後，便在這裡建築簡易水壩，圍截成蓄水池，這種水壩就稱為「埤」。

中圳埤是簡易的草土壩，利用竹子搭建骨架，然後在其間填塞草土。每年冬天鄉民合力築埤，蓄積冬春枯水期的水流，供應早稻灌溉。等到春末夏初，大雨一來，草土壩就會被沖毀。沒有水壩，這座埤塘就失去蓄水能力，因此夏天的第二期稻作只能依賴雨水，不易保證收成。

年建年毀的水壩既不經濟又不實用，1917 年冬天，農民終於受不了了。在農民的支持下，水利組合開始建築水泥造的永久壩。水泥壩經費雖然龐大，但也不過就是草土壩的十倍。如果繼續維持老辦法，十年內也是要把這些錢花光的。更不用說有了水泥壩後，許多單期作田都可以變成雙收，晚稻水租增加水利會的收入，能夠早點償還工程借款。光復後中圳埤改名為諧音的「中正埤」，後來通稱為「中正湖」，成為美濃著名的觀光景點。

自從水泥壩完成後，這口埤塘長年有水，水族們也益發繁榮起來，水利會因此又多了一筆財源。水利會將捕撈權利標售出去，得標的漁家便在湖畔建築工寮。照片中漁民划著竹筏歸來，簷下晒著的衣褲是否已經乾了呢？

1964 年，美濃中正湖畔的漁家景致，遠處，漁民正捕魚歸來。

天羅地網

1960 年代
屏東林邊

這裡是林邊溪口的殺戮戰場，人類在此投下天羅地網，絕不放過任何可以吃的東西！

橫亙在水面上呈「之」字型排列的漁網稱為「網罟」，架設在漲退潮急流通過的地方，魚蝦等水族兄弟們順著強勁潮流移動，經過之字型網牆導引，最後全都進了端末的網袋中。漁民算好潮汐的時間，時候到了就會撐著竹筏前來收成。他們先把網袋解下，然後將漁獲分門別類，太小的或沒人要的丟回水裡，有價值的則收在竹筏上，清理完畢後將空的網袋掛回去。至於導流用的網牆則是長久固定不動的，除非破損或沾黏水草雜物，才會拆下修補。

每年冬、春的鰻魚季，是「網罟」收益最好的時候，因為鰻魚苗價錢奇高。在海裡孵化的鰻魚苗要洄游到淡水成長，無數小魚苗順著漲潮移動，從大海進入林邊溪口，奮勇向著淡水溯行。但是大部分的鰻魚苗過不了「網罟」，就被攔截下來了。

水中有人類架設的網牆，水底也有西施舌攔截浮游生物。西施舌是一種貝類，平常潛伏在水底沙下兩尺深的洞底，等到潮水帶來豐沛的浮游生物時，牠們便爬升到沙地表面，殼身仍留在沙土中，只伸出兩支水管，一支吸入海水和食物，一支排出海水和廢棄物。林邊溪口的西施舌碩大肥美，遠近馳名。許多婦女為了賺取外快，常趁著西施舌出來覓食的時候，身上繫著兩個大臉盆、肩上扛著一支釘耙下水。「網罟」前方往往聚滿西施舌，因為這裡潮水強、食物多。爬升到地表的西施舌，如果不幸遭釘耙刮到，就會被丟進臉盆，最後成為饕客的盤中饌了。

1960 年代，一名漁婦在林邊溪出海口的網罟前，用釘耙刮取西施舌，身後繫著兩個大臉盆，用來裝漁獲物。

水陸
兩用車

1960
屏東東港溪口

東港溪出海口的清晨，漁民將辛苦一整晚網到的漁獲，經由牛車的轉運，趕往早市銷售。

畫面中央的竹筏，船首利用竹竿架設四手網，竿頭懸掛電燈吸引漁群。船尾的更寮可以遮風避雨，也是漁夫小憩的安樂窩。經過一整晚的作業，清晨牛車就會從岸邊下海，緩緩開行到河中央的竹筏邊，幫忙將漁獲轉運到牛車上。因此，竹筏不必找碼頭靠岸，在水面上一樣可以卸貨。

牛車是水陸兩棲的交通利器，在台灣交通史上占有重要的地位。清代台灣最繁忙的安平港，根本就沒有卸貨碼頭。從大陸渡海來台的船隻，都是在離岸很遠的海面上拋錨下碇，等著牛車慢吞吞地「遠涉重洋」到船舷，接運旅客與貨物上岸。牛本來就不怕水，甚至還能在水裡漂浮。至於牛車的車輪很大，車底板很高，也適合行水。此外，清代的牛車輪是由木板拼成的，根本沒有輻條，完全不必擔心會絆住水草或淤泥。

但牛車再怎麼厲害，沒有「鐵板沙」一樣無用武之地。從濁水溪以南的西部海岸線，到處都是平淺的沙灘，沙子顆粒細且堅硬如鐵板，所以有「鐵板沙」之稱。各河川接近出海口一帶，河床上也都是鐵板沙。即使載重牛車開過，也是「車過沙無痕」，完全不必擔心水底會出狀況，愛走哪就走哪。

自從蒸氣輪船發達後，中國傳統帆船式微，牛車的轉運功效也就逐漸消失，越來越難看到牛車下水的情景。拍攝這張照片的 1960 年代，此情此景已經非常罕見了。

清代古圖描繪安平港牛車下水前往小船邊接駁旅客的情景。

1960 年，漁民把牛車駛入東港溪出海口，準備轉運後方竹筏上的漁獲。

頭家
有事
好做無？

1961
屏東泰武

赤著腳，戴著斗笠，童工們聚在小山坡上，等待工作機會。他們大多利用放假日，到特定的地點聚集，等待雇主或工頭前來「採購」他們的勞力。

在工業化、現代化的過程中，台灣並未如同大部分開發中地區一般，出現過廣泛使用童工的年代。其實就算英、法這些最老牌的資本主義國家，在 19 世紀也都經歷過一段大量使用童工的時期。

台灣少見童工的原因，並非基於兒童福利，也不是因為資本家有良心，而是早熟的義務教育，加上工作機會太少所致。童工主要的工作場域是農場及礦場，這是因為兒童受限於體型與體力，並不適合操作機具，難以為工廠所聘用。不過，由於台灣農業自古以來便以小自耕農為主，土地所有權極為零碎分散，因此無法發展出大面積完整區塊的農地，當然也就罕見農場了。屏東地區得天獨厚，有著其他縣市少見的廣大河川氾濫地，在日本時代治水工程下成為新生地。再加上外來大資本企業投入鉅資，將新生地開闢成農場，創造出女工與童工的就業機會，這在全台灣來說都是非常少見的。

除了工作機會少，阻止童工發展的最重要原因還是學校教育。先進資本主義國家的歷史，都是先經歷工業革命產業擴張，數十年後才開始普及教育的。台灣則不然，基礎教育的推廣早於工業起飛。早在日本時代，小學老師就發揮勸阻功效，說服家長讓小孩持之以恆地去上學，阻斷他們打工的機會。同時這些教師也推廣了新觀念，讓家長了解到教育能讓孩子長大後找到好工作，犯不著為了微薄的薪資去做童工。

1968 年實施九年國民義務教育後，童工幾乎消失，只能在偏遠地區偶見這種暑假季節工了。

1961 年，泰武鄉的童工們在野外的勞力市集等待工作機會。

挖牙齒

1960
屏東里港

童工剛吃完飯包，學大人煞有介事地剔牙（客語稱為挖牙齒）。「我也能賺錢！」是他自信心的來源，快快長大是他的心願。

小大人的背後擺著他賺錢的傢伙，一桿耙子，一個畚箕，一網篩子，加上交通工具鐵馬，這樣他就能四處找砂子了。他這會兒坐在堤防上飯飽剔牙，等會兒睡午覺起來，就走下河床去找砂子。他嫻熟地使用耙子挖掘，然後用篩子過濾出正確的尺寸，累積到一定分量，用腳踏車載去給老闆。堤防上收貨的老闆論斤秤兩，只要有人帶砂子來，驗明尺寸無誤，當面發給現金，童叟無欺。是的，做這行的只有老人和小孩，因為能賺的錢太微薄了。

這些小砂子做什麼用呢？它們是混凝土的原料，蓋房子少不了它。在這個農村經濟剛復甦的年代，房屋建築仍然以磚頭為主，混凝土算高級材料，必須省著用。到後來十項建設的年代（1970 年代），混凝土需求大增，專業砂石廠才興起。砂石廠在河床上用機器開採砂石，用水車洗砂分級尺寸，篩砂小工的生路就此斷送。不過沒關係，那時他已經成年，受砂石廠雇用開砂石車，更加威風囉！

1960 年，里港鄉二重溪邊堤防上的篩砂童工。

上工

苦力頭和他找來的臨時工，迎著大武山的晨曦，準備上工。

苦力頭頭戴斗笠，穿著短袖襯衫，胸前口袋裡有一枝筆和小記事本。兩位女工則袖套、長褲包得緊緊的，迎接一天的防晒大作戰。她們肩上的扁擔是自備的工具，左邊女工挑著的筐裡頭還擺著水壺和中午的飯包。在苦力頭領隊之下，她們即將前往今日的作業區插甘蔗。

糖廠是台灣最大的地主。全台所有糖廠中，又以屏東平原的旗山、屏東、南州等三座糖廠擁有最遼闊的自營農場。甘蔗是粗放的作物，生長期間不太需要照顧，因此台糖平日聘請極少的員工看顧甘蔗。只有在採收或種苗兩個時期，糖廠才會招募大量臨時工。

這些臨時工並非專業勞工，他們的身分是自耕農，平日耕作自己的農地，到農閒季節才到台糖農場賺外快。臨時工和台糖之間，必須透過苦力頭中介。臨時工來來去去，人數很難掌握，糖廠窮於應付，不得不依賴苦力頭。苦力頭一面向糖廠這方索取工資，一面又從臨時工薪資中抽佣金，似乎兩面通吃，但實際上這行也不好幹。他們類似今日的「人力派遣公司」，需具備調度現場人力的專業，也要有管理流動頻繁的臨時工的能耐。

至於這些臨時工，他們的工資大約只有專職工人一半的水準。因為是農閒賺外快，加上又以女性居多，薪資水準當然永遠拉不上來。

1962 年，屏東三地門的工頭和女工準備前往甘蔗園。

插蔗秧

女工挑著擔子排成一列，同步前進。每個人負責兩條壟溝，依序將蔗苗植下。這個工作很簡單，就因為太簡單了，不需要發展出專門的農業機械代勞。更何況，這塊地下次進行相同的作業，要到 30 個月以後了。與其養一隻昂貴的機械怪獸，不如臨時找女工代勞即可。

女工擔子裡的蔗苗，說穿了就只是一段甘蔗莖罷了。甘蔗不是從種子栽培起，而是用插枝的。當然，每段甘蔗上至少要帶一個節（芽眼），才能長出新苗。從頭種起的甘蔗，需要 18 個月才能採收；採收時留下根部，再次長出來的莖可以縮短到 12 個月成熟。這麼長的生長期中，甘蔗不斷抽高，並且把糖分貯藏在莖內，為將來開花作準備。人類當然不會袖手旁觀，總是在即將開花之前砍下甘蔗，掠奪它一輩子累積的糖分。殘存根部的甘蔗不死心，又再一次長出莖葉，最後當然還是人類早一步下手採收。歷經 30 個月的騙局，這甘蔗的根頭已老，再讓它長莖，品質就會下降。或許也是人類不忍心騙它第三次吧，第二次採收後重新犁地，根部就會被鏟除，結束這漫長的週期。

屏東平原上的台糖農場面積廣大，而且土地都是屬於糖廠的完整區塊，具有全台最壯觀的蔗海風光。因為面積廣大，所以當然盡量採用機械作業，早在一百多年前就已經開始，這是台灣農業機械化的始祖。距離美濃不遠的旗尾糖廠（光復後改稱旗山糖廠），建廠當初就是抱定機械作業目標，避免向小農採購甘蔗，以堅持其「純正資本主義」路線。

縱橫大地的巨型農業機械，攝影師總是對它們視而不見。反而是較難追尋的人工作業場景，往往得到鏡頭青睞，這或許也反映了攝影題材的某種偏好吧！

1966 年，受僱於南州糖廠的一群臨時女工在新埤鄉種植甘蔗苗。

西瓜天堂

1962
屏東里港

這裡本是劃給大陳義胞的開墾區，屬於荖濃、隘寮兩溪的沖積扇平原。只不過，這裡沒有種稻子需要的黏土，反倒是砂質土壤居多，適合種西瓜。

當初大陳大撤退的時候，民眾孑然一身來台，所有財產頓時化為烏有。來到台灣後，第一件事是要養活自己。政府雖然幫他們區劃一塊河川新生地，提供他們農具和基本補給，但要在極度貧瘠的砂地種出稻子，對這些原本靠海維生的漁民來說，比登天還難。

久而久之，大陳義胞紛紛跑到高雄港或東港，有的做工，有的跑船。原本被分配到的墾地就放租出去，大部分由鄰近客家村莊的人來承耕，最後竟種起西瓜來了。照片中農民後方廣大的原野，一看就知道全是粗放的旱田，不能指望多少收成。

1997 年，台灣主要河川全面禁採砂石，砂石價格飆漲，高屏一帶竟出現非法開挖農地採取砂石。盜完砂石留下的大坑洞，遇上豪雨便會崩塌危及鄰地，也造成道路沖毀，禍延排水溝及堤防。地方民眾稱這些肇禍的坑洞為「毒龍潭」，主要分布在以砂石為主的農地上，遍布荖濃溪兩岸的里港、鹽埔、美濃和高樹，數量超過兩百多窟。這張照片所拍攝的西瓜田，便是 40 年後毒龍潭的所在。

1962 年，荖濃溪、隘寮溪沖積平原上的西瓜田盛產時節，農民忙著將採收下來的西瓜整理裝簍。

晒瓜子

1962
屏東里港

大家都嗑過瓜子，但很少人知道瓜子來自特殊品種的西瓜。專門用來製作瓜子的西瓜叫做「瓜子瓜」，果肉白而軟爛，不堪食用，但種子卻又多又大。

照片中後方有兩組人馬正在挖瓜子。他們兩人一組，共用一個臉盆，各自配備一把剖刀、一張小板凳。西瓜見一顆剖一顆，非要開腸破肚挖出所有的種子不可。至於沒有用處的瓜皮、瓜肉，則就地拋棄。

挖出來的西瓜子集中在臉盆裡，滿了就交給照片中央那位晒子師傅。剛挖出來的西瓜子沾有少許果肉，又溼又黏，必須立刻曝晒。晒瓜子的師傅預先鋪好一長條墊布，然後將西瓜子鋪上去。師傅使用圓滑的竹棍，把黏成一團的瓜子輾開，才能均勻接受曝晒。在接下來的過程中，還要不斷翻面，同時將黏附在一起的籽粒分開。晒乾以後，這些瓜子便能賣給加工廠添加香料，製成大家喜愛的零嘴兒。

砂礫地最適合種植西瓜，濁水溪、八掌溪、曾文溪的河床都是產地。屏東平原拜河川整治之賜，擁有廣大的河川新生地，表面布滿砂礫，造就一望無際的西瓜田。人吃不了這麼多西瓜，許多瓜田就改種瓜子瓜，也是一筆收入。

1991 年政府開放大陸瓜子進口，本地產品因不敵價格競爭，原料都改從幾千公里外的甘肅蘭州、新疆等地進口。本土瓜子瓜受此打擊，今天已經很難見到了。

1962 年里港，農民忙著採收砂地上種的瓜子瓜，晒子師傅將西瓜子輾散、曝晒。

在車底歇睏

牛車是農家必備品，主要負責田間搬運。照片中這台牛車是 1960 年代最普及的款式，具有四個橡皮輪胎。左側直徑約半米的是前輪，配備轉向架，右邊直徑約一米的是後輪，直接固定在車架上。照片中的農夫應該是帶著農產品出門去賣，回程車上只剩下空的肥料袋。太太、小孩與小狗，也不放過這個兜風的好機會，跟著出門。

1959 年，南港橡膠改名南港輪胎，開啟了台灣自製輪胎的時代，大量運用在各種機動貨車及牛車、手推車等。橡膠輪胎運轉順暢，出力相同之下，可以拉動更重的貨物，徹底打敗傳統式的包鐵皮木頭輪子。當時一台木輪牛車造價大約五千元，新款的橡膠輪胎車則要價一萬元。雖然貴，但是值得！

牛車妙用無窮，絕非僅是田間搬運而已。台灣牛車向來採用高底盤設計，原本是為了搭配超大木板輪，也比較能應付惡劣路況。底盤高，車底空間就大，因此成了避暑遮蔭的最好場所。早上農夫開著牛車「上班」，車上裝載農具和水壺、飯包。到了田裡，牛隻脫下車軛，隨農夫下田幹活。這些補給品就放在車底下，隨行的小孩也鑽到車底下玩耍。在酷熱的南台灣，水壺與遮蔭是絕對必要的。

午間休息時，農夫先把牛隻牽到一旁的草埔水窪，然後自己鑽進牛車底下。可別以為午休只有一個小時，南台灣陽光毒辣，上午十點到下午兩點之間根本不能工作。農民早出晚歸，為的是充分利用午休前後兩個時段。至於正午四個小時，就在牛車底下度過吧！

由《諸羅縣志》中「番俗圖」可見，牛車底下偷閒嬉戲的場景，早在清代就已融入台灣田園風光中。

1960 年代，屏東農人一家三口和他們的狗兒在牛車底下歇息，父親抽著菸，輕撫狗兒的臉，小孩趴在塑膠布上，早睡著了，母親在一旁坐著發呆。

主與客

自古以來客家人就不斷遷徙，四處尋找新天地。他們足跡從華南到南洋，也到台灣。不管走到哪裡，似乎總有人先搶一步。難道他們註定永遠「作客」，沒有「作主」的一天？

其實，打從乾隆初年客家人來到美濃、高樹落腳，相對於晚到弱勢的閩南人與平埔族，客家人也算是在這裡「作主」了。進入 20 世紀，除了已「反客為主」的客家人外，一批又一批的「客家」在這個地區來來去去──「台北客」、日本移民、外省榮民和滇緬義胞……最後，高山上的原住民也移居下山，建起三座「山地村」。

美濃及其附近地區，一面倚山三面環水，至今不但沒有一個名字稱呼這塊神奇的土地，行政區劃上還被強制割裂為高屏兩縣，其中甚至包藏一塊高山掉下來的「飛地」。這是台灣的加薩走廊。她的存在不斷提醒我們：主與客是「相對」的，千萬別被「絕對」的成見給矇蔽了。

移民墾荒大戰場

圖右方一抹白雲，後方透出一座高聳的大山，這就是大武山——中央山脈南段最高峰，距離攝影師不到 30 公里。落在三千多公尺高的大武山上的雨水，勢必切出極陡的河道，才能在 12 公里內就降至平原，然後流過攝影師腳下。這麼陡的水流，力道強勁，年年將巨量的土石沖下山，堆積成照片中所見的河床，以及照片左右框外十幾公里寬的沖積扇。

橫亙畫面中央的隘寮溪來自大武山，畫面下方的則是從高樹來的埔羌溪，也就是清代荖濃溪故道。高樹鄉就是這兩條溪共同創造的沖積平原，吸引移民前仆後繼來拓荒。大家抱著戰勝河川的決心，務必將荒野變為良田。乾隆初年，東振館墾號是第一個成功的拓荒集團，建立了高樹墾區，坐落在照片左方圖框外的廣大平原上。

東振館的老闆姓陳，是台南府城內的富戶，並不住在這裡。他向政府立案登記拓荒範圍，然後派手下到此設立租館（辦事處），招募農民進駐開墾。最早應募來墾的是廣東嘉應州及福建汀州府的客家人，共有楊、梁等九姓十八伙房，時間約在 1738 年（乾隆 3 年）左右。客家族群首先建立了東振庄，晚來的閩籍移民則集中在南邊的船斗庄（大約在照片左下方框外）。客家人占據水頭（源頭），有灌溉之便；閩人則居水尾（末梢），只能耕作旱田。閩人與加蚋埔平埔族、大路關客家人之間，為了爭地，三方不斷起衝突，在 19 世紀爆發多起械鬥。

越早來的移民，占有的土地越肥沃，地勢也越安全。晚來者只能往邊緣求生，這些地方不但貧瘠，而且可能被洪水沖毀。但是，在取得土地的誘惑下，冒險拓荒者仍是接踵而來。最後一次大移民發生在 1956 年，浙江大陳島居民乘坐海軍艦艇來台，再從高雄港坐軍用卡車來到這裡。當這些「大陳義胞」們孑然一身來到此地，等待他們的就是照片中這片野溪荒埔！

昌基堤防

1960 年代
屏東內埔

這麼壯觀的昌基堤防，多虧有大樹、牛、農夫襯托，否則真的很難表現震懾人心的場面。

昌基堤防是隘寮堤防的起點，20 公里的長堤一氣呵成，規模之大，全台第一。1938 年竣工之後整整半個世紀，論長度、論高度，都沒有任何堤防工程能超越它。不過，它地處荒僻，沒有知名度。

隘寮堤防是「下淡水溪（高屏溪舊稱）治水工程」的重頭戲，也是成敗關鍵。要蓋這麼高大的堤防，僅靠人力是不夠的，必須依賴機械。本計畫開工的 1927 年，正值嘉南大圳烏山頭大壩工程進入尾聲，閒下來的火車和挖土機便轉移陣地來到隘寮。這些機具都是重金從美國進口的，也是台灣最早的工程機械。今天我們在工地上所看到的土方工程，是由履帶怪手和輪胎卡車搭配工作。但在 1920 年代，不管是挖土的怪手或運土的卡車，都是架在鐵路車台上，由蒸氣火車頭牽引，往來作業區間。

照片中長著一棵大樹的堤頂，當年就是作業軌道的所在。從溪底採取出大小分級過的卵石，裝上特製具有側面閘門的車輛，由火車頭在後推送爬上堤頂，行進到已完工部分的最末端，閘門一開砂石傾卸而下。工人蟻聚列車兩旁，將卸下的砂石推整扎實。鐵軌向前架一尺，大堤也就向前延伸一尺。20 公里的堤防，就是這麼「長」出來的。

1960 年代，二名農夫牽著腳踏車，趕著大黃牛，一起緩步走上內埔鄉昌基堤防，要到堤外溪埔去。

抗洪保堤
个勇士

1960 年代
屏東

鐵線蛇籠是對抗洪水的尖兵，捍衛堤防的勇士。由專門師傅捆紮，每隔一段用一圈竹條撐開，維持蛇腹形狀。六角形的網目大小均等，鐵線該繞幾圈、多鬆多緊都有規定，沒有自作主張的餘地。

像這樣子的蛇籠完成後，師傅就會把它拖到指定地點，依照指定的走向排列。接下來裝填石頭的工作，交給粗工就行了。以一條填滿石頭的蛇籠為單位，可以鋪陳千變萬化的水防構造。最常見的是當作堤防的護腳，豎立並排在堤防基部，承擔洪水的沖刷與大水挾砂石而來的撞擊。另外，蛇籠也常常做成和大堤垂直的突出丁壩，除了減煞洪水的勁道，攔截下來的砂石還能挑高灘地。長出來的高灘地可以排斥主流的變動與擴大，讓流心謹守中道，離兩邊的堤防都遠遠的。

蛇籠內的石頭取自河床，也終將沒入河床。泡水的鐵絲在鏽斷之前，已經成功約束了卵石，讓它們保持在正確的位置，不致於被洪水沖往下游。鐵絲鏽斷之後，卵石隨重力自然星散，正好填補新洪破壞出的坑洞。能藉自然之力補自然之害，這才是真正的「鬼斧神工」。說穿了，蛇籠乃是消耗品，不是發揮捨己救堤的功效，就是沉入地底鞏固河床。每年雨季過後，工程人員會到各處堤防檢視成果，數數看有多少蛇籠陣亡，接著就發包製作新籠。人工與自然年年拔河，隨時保持動態平衡。這種「人不勝天」的局勢，一度被工程界視為過渡狀態，總有一天要用強大的鋼筋混凝土取代蛇籠，徹底征服河川。於是，水泥用得越多，蛇籠就越少。

進入 21 世紀，生態工法抬頭，混凝土成為新的譴責對象。一度被打入冷宮的蛇籠，再度被人類重用，這幾年又普及開來了。

1960 年代，屏東一處河堤邊，二位師傅正在捆紮蛇籠，後方尚有大片等待作業的蛇籠網。

隘寮堤防

隘寮堤防的清晨最熱鬧了。這台牛車剛翻過堤防頂端,現在要下坡前往溪底的交易場。從長長的影子知道,這時候太陽才剛升起。比對後方山豬毛大山和太陽的相關位置,可以知道此時太陽在東北方。這是一個夏日的清晨,應該還沒六點,城裡人還在呼呼大睡!住在屏東市區的劉安明,剛才踩了兩個小時的腳踏車,終於及時趕到。

隘寮堤防是劉安明重要的「私房景點」。這個遺世獨立的交易場,集結了各種獨特的自然與人文景觀。山地人與平地人的交易場、壯觀的高屏溪治水工程、野性十足的隘寮溪、瑪家鄉飛地(見 P190)、榮民開墾區、流籠頭,全都在這附近。這是屏東平原的邊陲,屏東平原又是台灣西部的邊陲。各種被時代拋棄的、被社會摒棄的,在這裡都可以找到。最重要的是:沒人知道這裡!

1971 年劉安明的好友「小劉」因涉及台獨,被情治單位抓走,關在新店監獄。小劉出事後,劉安明把和他一起拍的照片都燒掉了。情治人員常常藉故來找劉安明問話,對他造成很大的壓力,感覺身邊到處都是特務,隨時有人監視。為了安全,劉安明要找小劉的其他朋友發牢騷時,地點就約在隘寮堤防。

隘寮堤防真的很偏遠,距離屏東市區雖只有 15 公里,但沿路少有村落。有一次,劉安明在暗房工作忘了時間,看手錶時發現已經半夜三點了。因為原本計畫好要去隘寮堤防拍日出,就這樣從照相館跨上鐵馬,披星戴月向東方趕路。騎到隘寮堤防上時,看到的大概就是這幅場景吧!

1964 年,鹽埔鄉隘寮堤防上,農人和載著幾袋農產的牛車,準備下到溪底與原住民交易。

最後个徒涉場

1966
屏東新埤

這張照片，看不到的比看得到的來得重要。

看得到的畫面主題明確，是夫婦兩人合力駕駛滿載的牛車渡溪。通常我們會下一個「同心協力」之類的標題。

再仔細觀察，夫婦兩人的動作並不單純。一般狀態下，車夫的位置是在牛的斜後方，以繩索控制牛隻前進的方向，或者鞭策牛隻用力。不過，此時車夫卻是站在牛頭旁邊，直接用左手控制轅桿，右手則扶著牛軛，調整牛軛重壓在牛肩的角度。很顯然，此時整個牛車轉向的力道依賴車夫，牛隻只是單純出力向前。牛隻提供整台車的動力其實綽綽有餘，根本不需要有人在後面推。那位婦人的工作只是扶著貨物，防止車輛傾斜時掉落，並沒有使力向前。

那麼，這張照片看不到的重點是什麼？徒涉場，水底下那條看不見的道路。

徒涉場曾經遍布全台，數以百計，在橋梁架設以後迅速消失，至今幾乎完全絕跡。一般人的印象中，往往誤以為橋梁取代的是渡船，其實絕大部分取代的是徒涉場。台灣真正備船擺渡的渡口不多，而且船隻或竹筏只能載送人員或行李，不能負擔笨重的貨物。在過去貨運量遠高於旅運量的年代，所有貨物都是依賴徒涉場，以人肩挑送或牛車載運的方式渡河。比較重要的徒涉場都有小型基金在支持，請師傅在河床上修整出一條狹窄路堤，在路堤左右邊界各插一排竹竿，方便行旅辨識。總之，徒涉場根本就是一條道路，只不過永遠沉在水底罷了。

照片中車夫亦步亦趨、隨時修正方向，就是要讓牛車維持在那個人工整平過的狹路上。這路堤永遠浸在水裡，日夜遭受水流沖刷，隨時都得修補保養。即使出現一個小窟窿，都會讓行經的牛車翻覆。如果是行人踩空，瞬間就會被水流沖走，嚴重者還會喪命。車夫渡溪時若發現有破損處，會在過河後讓牛暫停一旁休息，自己搬石頭回去修補，以免下一台車重蹈覆轍。

1966 年，屏東林邊溪，一對夫婦依循鋪設在水底的徒涉場道路，駕著滿載番薯的牛車過河。

河床上个
番薯墟

1966
屏東新埤

這裡是林邊溪河床上的番薯墟。所謂「墟」，就是在特定地點特定時間所舉辦的市集，通常位於溪邊河床上。「墟」沒有任何設施，也沒有建築物，平常看不到一個人。直到某日某個時刻，來自四面八方的牛車和商人就會湧現，剎那間人聲鼎沸起來──開市啦！

最為人所熟知的墟市是北港牛墟，至今仍定期開市。但因為時代變遷，北港牛墟已經轉變成各種雜貨的交易場，牛隻交易反倒不多見了。像照片中這種墟，通常都是在特定季節的特定日期（例如每逢農曆初幾）開市，不相干的人根本無從得知。在交通不發達、貨物交易量稀少的年代，不只番薯、許多物產都只能依賴墟市交易，而非街坊的店頭買賣。

當荒郊野外這種墟市絕跡之後，另一種新興的墟市卻大行其道，那就是「流動夜市」。「流動夜市」的地點多半選在城鎮邊緣的一大片空地上，每星期某一天晚上便會冒出眾多攤販，遊客擠得水洩不通。要是有誰不知道夜市是禮拜幾，那肯定不是本地人。而夜市攤販也都是有組織的，同一組人馬每天跑不同地點，可以支撐七處夜市。熱鬧的大鎮夜市多在週末，人潮較少的村落則選在週間舉辦。某些超大夜市甚至聚集兩組以上的攤販，在週六晚上會師大車拚，許多新花樣就是這樣激勵出來的。

根據非正式統計，目前流動夜市超過五百處，遍布全台。唯一看不到流動夜「市」的地方，就是──台北「市」。

1966 年，新埤餉潭位於林邊溪埔的交易場，收購商正在為一袋袋的番薯秤重，後方牛車上堆滿著番薯葉，一旁擺了許多裝滿番薯的布袋。

牛車同
卡車
个交會

1966
屏東新埤

牛車與卡車的交會，不只說明了交通工具即將轉變，更將進一步牽動貨物交易網絡，並影響更深層的社會結構。

卡車上滿載的相思木，即將開往潮州或屏東市交貨。這些卡車老闆是中間商，負責聯絡木炭業者與山裡的原住民。原住民白天在山上砍伐相思木，次日黎明前就揹負下山，趕在中午以前抵達林邊溪埔的交易場，將相思木賣給卡車司機，得到的現金就近採買日用品，午後便上山回家。卡車司機將相思木載運到木炭業者手中，當場又進行一次現金交易，就算完成任務。

相思木很重要，因為它是木炭的原料。在瓦斯尚未普及之前，一般民家普遍使用木炭或煤球做燃料。20 世紀以前，各地丘陵都長滿了相思木，木炭業者很容易就近取材。隨著農地拓墾及人口增長，低海拔的相思木都被砍光了，只能往更深山去尋覓，因此增加了原住民的一線生計。利用低廉的原住民勞力，中間業者能夠在山腳交易場取得便宜的相思木，扣除運輸成本之後仍有利潤。

時代的腳步永不停歇。相思木越砍越深山，成本也就越來越高。另一方面，木炭業者生意也不好做，相思木漲價，木炭卻不能跟著漲，否則消費者立刻就會改買煤球。終於等到那麼一天，木炭業者直接前進山腳開窯，原住民也直接將相思木扛到窯場販賣，原本從中仲介的卡車業者化為一陣青煙，消失在溪埔的交易場中，只能從照片中尋找他們的身影了。

1966 年，新埤餉潭位於林邊溪埔的交易場，車夫坐在剛收購的一袋袋地瓜上，後方卡車也裝滿了從山上運下來的相思木。

山肚人个擔子

1966
屏東三地門

出山交易的原住民，賣出山產，得了現金，立刻在附近村莊採購日用品，踏著愉快的步伐返回山裡（客語稱山肚）。照片中這位大哥叼著煙斗，不改原住民風格，但身上穿的衣服已經和平地人沒有兩樣。

仔細瞧瞧這扁擔，和平地人用的完全不同。首先，這根本不是「扁」擔而是「圓」擔，竹子整根圓溜溜的，跟平地扁擔用的剖竹不同。採用剖竹的目的是有彈性，可以隨著步伐上上下下，達到避震的功能，圓竹則剛硬毫無避震效果。其次，平地人的貨物是用繩子懸吊在擔竿上的，原住民則不作懸吊。懸吊的好處是降低重心，不但容易使力且不易摔倒。這種方式上了山就行不通了，因為繩子容易勾住草木藤蔓，上下坡時貨物也很容易拖到地面。此外，山路曲折，常常得轉彎迂迴，懸吊式的擔子甩來甩去只會添麻煩的。

劉安明擅長以廣角鏡逼近被攝者，藉以捕捉具有臨場感的畫面，但採用廣角鏡一定得事先取得對方的信任才行。這位大哥輕快地自顧前進，或許邊走邊和攝影師聊天，就當沒那台照相機的存在。

成功！構圖穩當，表情自然，是一張平淡卻韻味深長的佳作。

涉水過河時，就知道山地式擔子的巧妙：既能避免行李打溼，還能左右擺動當平衡桿，抵消水流衝擊的力道。（日本時代老照片）

1966 年三地門，一位原住民挑著日用物品，從平地走回山上的家。

最優雅个
流籠乘客

1960 年代
屏東內埔

隘寮溪口的流籠恐怕是台灣最後的載客流籠了，照片上拍到的是南岸的流籠頭，兩位剛「出籠」的仕女正步下棧道，她們乘坐的流籠還懸掛在照片右上角。照片左方則是另外一座流籠，站在平台上那位戴著斗笠的漢子就是拉繂夫，他的客人還掛在河中央上方，遠在照片框外。台下有另一位拉繂夫正在休息，籠子就擱在他前方腳下。拉繂夫各有自己專屬的籠子，就好像車夫有自己的三輪車一樣。

流籠在工程上的正式名稱是「索道」，國語的用詞是「纜車」，台灣民間自古至今皆以「流籠」稱呼。早在清代就有了，大部分使用在山區，和吊橋非常相似。其實，流籠和吊橋的最原始形貌幾乎相同，只不過就是跨越山谷的上下兩條繩索，人手攀著上方繩索，腳踩下方繩索就能過河了。從這種原始型態出發，逐漸演變成下索做成橋面的吊橋，以及上索吊掛箱籠的流籠兩種交通工具。

清代的流籠主吊索使用藤條，載重低且不安全。直到 1905 年日俄戰爭軍情緊急，台灣才出現使用鐵線的動力流籠，架設在濁水、大甲等大溪上，藉以運送緊急信函。從此之後，鐵線流籠迅速在台灣各地蔓延，規模最大的當屬伐木運材的流籠。直到今天，流籠仍繼續肩負載運農產品的重任，高山地區果菜園仍可見到。

流籠最大的問題是安全性，因此主要來載貨。非不得已使用流籠載客，往往都是天災之後橋梁斷絕，為了救險搶通才會使用。隘寮溪口原本就是三個山地鄉的門戶，是山產運輸以及人員出入必經之地。運輸高峰出現在 1953 年，當時竟有五座流籠在此營業。旅客乘坐一趟收費五角，夜間加價為一元。

旅客即使有錢，沒有充分的膽識，還是不敢搭乘。像照片中那位穿著裙裝、右手撐把洋傘、左手拎著小皮包的小姐，真可謂女中豪傑了。

1960 年代盛夏，兩位小姐搭乘內埔鄉隘寮溪口的流籠抵達河岸後，走下棧道。

橋斷了
以後

1970 年代
屏東里港

這是屏東最出名的過水橋——里港橋。所謂過水橋，就是一種水泥造的簡易便橋，橋墩低矮，橋面沒有護欄。在枯水期時，水位低於橋面，人車可以自由通行。一旦遇到大雨或颱風，洪水漫過橋面，交通暫時中斷。等到水退之後，兩岸民眾就會出動清理橋面，並將卡在橋面下的漂流木清除，又能恢復通行。

里港橋位於台三號省道上，是跨越隘寮溪的重要橋梁。里港鄉轄下有四個小村子孤懸溪北，如果沒有這座橋，學生上學就成問題。此外，溪北的旗山鎮、美濃鎮都是香蕉生產的大本營，運蕉大卡車也必須依賴這座橋。每當因夏日午後雷陣雨封橋，所有車輛只能繞道旗山過河，旗山到九曲堂的公路便每每陷入癱瘓。至於那些學生，原本上學只要五分鐘的，此時繞道花一個多小時都不一定能到校。

過水橋是 1950 年代的產物。除了里港橋之外，屏東境內還有萬丹與潮州間、內埔與萬巒間，以及枋寮與枋山間這幾座，也都是交通繁忙的過水橋。過水橋寬度僅容一車，里港橋在長達 1600 公尺的橋面上設有幾處較寬的會車區間。當看到對向有車接近，雙方都要趕緊開到會車區，否則就會動彈不得。遇上這種窘境，唯一的方法是倒退，此時便考驗駕駛技術。因倒車不慎落水的案例層出不窮，尤其是誤闖此橋的外地車輛，最容易肇事。

里港過水橋一用就是 20 年，直到 1977 年公路局才終於撥款建築正式的公路橋。新的公路橋只有二線道，大卡車呼嘯而過非常嚇人，因此行人與機車仍偏愛過水橋。雖然又窄又沒護欄，不過走習慣以後，大家反而喜歡這種貼近水面又無拘無束的感覺。直到一年颱風，過水橋被沖毀一段，行人才被迫上新橋與卡車爭道。

橋斷了，少了摩托車的引擎聲，魚兒又游回來了。此後過水橋成為釣魚天堂，你看照片中一群老老少少，有釣魚的有看魚的，多愉快啊！

1970 年代，民眾在斷了一截的里港過水橋上釣魚賞景。

嚴禁放牛

1967
高雄旗山

喂！鐵道上嚴禁放牛，你難道不知道嗎？

自從 1908 年縱貫鐵道通車後，接著糖廠鐵路、林場鐵路越蓋越多，台灣人很快就接受了火車這個新朋友。當時困擾鐵道當局的，莫過於接二連三的火車撞水牛事故。

台灣人放牧向來自由，牧童只顧自個兒玩樂，放任牛隻隨意吃草。牛隻低頭吃草，吃著吃著誤闖鐵道，往往釀成火車出軌的慘禍。以前火車重量輕，即使是台鐵的大火車，蒸氣機關車頭有些也只有十幾噸重，撞上水牛難免出軌。如果是重量輕的糖廠小火車更糟，有時候火車撞飛出去，水牛還橫躺在鐵軌上。

於是，「鐵道旁嚴禁放牧」成為交通安全重點課目。如果看到不識相的牧童玩到鐵道邊，民眾也要幫忙勸離。火車是人類新的交通工具，水牛這「過時」的交通工具只好閃一邊去，別來擋路！

三十年風水輪流轉，繼火車之後汽車成為人類的新歡。為了讓汽車通行，各地紛紛鋪設柏油路面，宣導重點改成「嚴禁牛車進入道路」。因為牛蹄會踩壞柏油，牛糞則會汙染路面。汽車普及的結果，終於將台糖小火車逼上「絕路」，紛紛停駛。停駛後的火車站冷冷清清，報廢車輛四處橫陳，路軌也長滿了雜草。繼水牛之後，糖廠小火車也被人類拋棄了。

於是，水牛吃著吃著，又走回鐵道上了⋯⋯。

鐵路局宣導海報：「鐵路沿綫，切勿放牧牛羊。」

1967 年，一頭水牛在廢棄的旗山火車站場內吃草，後方是二節停用的火車廂。

小火車
走了

1976
高雄旗山

1962 年台糖鐵路旗尾線後段停止營運，美濃人從此沒有火車可搭。新的終點改在旗尾站，照片中月台上的牌子也換了，只有右手邊前往上一站旗山，左邊下一站中壇則用白漆塗銷。從中壇往下，還有牛埔、美濃、埤頭、竹頭角等站，這次總共撤銷了五個車站。

旗尾線鐵路創建於 1910 年，是一條歷史悠久的路線。除了運送旗尾糖廠自己的產品外，也曾經是旗山、美濃一帶民眾對外聯絡的唯一交通路線，更是香蕉等農產品運銷的唯一動脈。

光復後汽車客運逐漸發達，屏東客運也將路線擴張到美濃。台糖鐵路班次少、速度慢，而且迂迴繞道中壇，不如公路直捷通往旗山，最後乘客只剩下學生了。依照政府法令，台糖必須給辦理月票的學生極低廉的折扣，導致入不敷出，最後只好停駛。

台灣客庄中，美濃是唯一有台糖火車站的。台糖鐵路全盛時期，客運車站超過 300 個，遍布台中以南大小村鎮。很湊巧地，屏東六堆客家地區，偏偏就沒有任何一條台糖鐵路通過。這是因為六堆地區灌溉太過發達，幾乎沒有旱田，沒有旱田就沒有甘蔗，沒有甘蔗當然就沒有鐵路。至於美濃，則是因為位置偏僻、交通太差，糖廠在政府勸說之下，基於「服務鄉里」的政策，才將鐵路從糖廠延伸到美濃。

請注意這局部放大的照片，台糖鐵路月台標示牌上的站名，還加註注音符號呢？這是繼承自日本時代的習慣，只不過把日文假名換成ㄅㄆㄇ了。

劉安明常跑美濃，但都是騎鐵馬或機車去的。當時台糖鐵路正當鼎盛，大家每天看火車看到煩，希望這種落伍的交通工具趕快消失。美濃站廢棄時，台糖客運仍有 300 站的規模，五年後路線裁撤一半，僅剩約 140 個車站。再過五、六年，糖鐵客運就幾乎裁光了。

1976 年，此時台糖鐵路已經由盛轉衰，客運業務急速萎縮。通往竹頭角這段客運停駛後，旗尾成了終點站。

原住民个
遷村運動

1960
屏東來義

這是正牌的原住民房屋,由茅草蓋頂,有蓬壁亦有蓬門。誰說排灣族就一定蓋石板屋?當原住民搬到山腳下,山上的黏板岩到此早就被溪水粉碎成黑沙,沙上長出比人還高的茅草。因為是就地取材,於是石板屋就變成茅草屋了。

文化因地緣而生,而非基於血緣!中文老詞彙「風土」說得貼切,至於「文化」則是借用日文翻譯自西洋的辭彙。累積數十年的「理番」經驗,日本人軟硬兼施,想盡各種辦法管理原住民,最後仍不免 1930 年霧社事件的悲劇。釜底抽薪之道,無非徹底改變原住民的「文化」。原理很簡單,只要「易土」便能「移風」。實際行動則需大費周章,從遷村到授產。只要居住環境與生產方式改變了,風俗習慣不改變也難!同化的重點課目是教導原住民務農,而非教他們講日語。

霧社事件結束不久,1933 年台灣總督府迅速擬妥「集團移住」方案,準備將散居高山的原住民各社集中,遷移到接近平地的「新社」。這個新社的位置由政府選定,預先規劃好棋盤式的道路和住宅,並且在附近保留開墾預定地。不論聚落規模與開墾面積,都是根據人口數字精確計算出來的。後來太平洋戰爭爆發,集體遷村的計畫因而暫時中斷,但光復後台灣省政府蕭規曹隨,仍然延續這個新的「理番」政策。

這張照片就是在來義鄉一處原住民新社拍攝的。這個新社的成員主要來自古樓社,也有部分來自來義社,遷村行動分批次完成,主要集中在 1957 至 1960 年間。當大部分的人口都遷移到靠近山腳的新社後,原本深山中的舊社便逐漸荒廢了。

滿地的砂石,一頭瘦黃牛,數間茅草屋,一名婦人和她的小孩,這是 1950、60 年代因政策從山上搬下來到林邊溪出山口的原住民新社。

隘寮山地
重建方案

1960 年代
屏東瑪家飛地

偌大的看板上中英對照，寫的是：

隘寮山地重建方案辦事處／ Headquarters For I-Liao Mountain Community Development Project

Headquarters，好嚇人的字眼，比較貼切的翻譯是「總署」、「司令部」，通常用在軍事機構上。看板上中文翻譯寫成「辦事處」，淡化了軍事色彩。另外，「重建」兩字洩了底，暴露出原先由中華民國政府主辦的「Development Project」已經失敗，必須依賴美國人來「重建」。

除了單位名稱之外，看板上還畫上一個圓形的標誌，內部是一個台灣形狀外加十字架，外圈文字則是「台灣基督教福利會 Taiwan Christian Service」。根據美國「480 公法」第三章規定，美國基督徒捐獻的物資，必須透過「台灣基督教福利會」發放，隘寮山地重建方案也在該會業務範圍內。

過去在政府「鼓勵」之下，屏東八個山地鄉僅有 20 多戶移居隘寮。第一批移民來到這裡，放眼望去盡是砂石，石頭大得跟牛一樣！開墾第一步驟是搬石頭，全依賴人力徒手進行。等到石頭搬完了，剩下的依舊是滿地砂子，根本無法種作。剛開始幾年沒有收成，居民只能回山上部落商借食物。許多人熬不過困境，回部落後就不想再下山。

1953 年屏東縣政府調整做法，由八個山地鄉縮小到僅限瑪家、三地門、霧台，同時劃分責任區，北村屬三地門，中村屬瑪家，南村屬霧台。強勢作為下，兩年內共有 100 多戶 700 多人移住。這些最初的移民可以自由選擇耕地，而且只要付出心血開墾成功，便能擁有土地。但問題是開墾頭幾年不能指望收成，這些一窮二白的原住民不可能不吃不喝活三年，真正開墾成功的還是少數。

徒法不足以自行，若非實質援助，光靠制度是無法解決問題的。美國人在共產主義的擴張教訓中學到這件事，知道糧食、衛生才是重點，民主制度不過是包裝紙。至於風雨飄搖的中華民國政府，則只能口惠而實不至了。

1960 年代，美國駐台團體、基督教團體人員和本地人一起步入屏東隘寮原住民墾區的辦事處。

美國人
又來了

1960 年代
屏東瑪家飛地

美國人又來了,特別是禮拜日最熱鬧。除了阿兵哥之外,教會裡頭慈眉善目的小姐太太也會來。對於隘寮的原住民小孩來說,這些美國人漂亮得像女神一般。

1956 年美援物資進入隘寮,由教會負責這項工作。他們發放麵粉、牛奶給墾區內的原住民,緩和了住戶經濟上的壓力。越戰期間,台灣成為美軍的後勤補給基地,阿兵哥放假紛紛跑來台灣消費,享受難得的和平氣氛。雖然許多阿兵哥流連酒家舞廳,但也有利用假期當志工的。在福利會的安排下,美軍軍醫定期來墾區義診,美國大兵也來這裡義務勞動,或者到中村國小幫忙。

在美國介入「重建」之下,1959 年八七水災以後隘寮住戶已超過 200 戶,新來的必須抽籤決定耕地及建地。隘寮墾區的「高山族」下山計畫,基本上已經達成目標。更晚下山的原住民,已經分配不到任何土地,只能向既有的住戶承租耕地和住家。廣大的隘寮溪新生地,大部分仍是保留給榮民的;有退輔會在後面撐腰,地方政府縱然想要擴大原住民下山政策,也是愛莫能助。榮民開墾的大同農場蠻荒未脫時,相鄰的隘寮墾區已經寸土必爭了。

有趣的是,上一次在隘寮溪看到外國人,是太平洋戰爭時日軍從菲律賓等地俘虜來的美軍。俘虜每天的工作就是搬石頭,僥倖活下來的,在 1945 年日本投降後被釋放。才不過十幾年,美軍又回來了,從戰俘變成志工。這些阿兵哥照樣捲起衣袖,又去幫忙搬石頭了!

這些美國人,真不懂他們在想什麼?……

1960 年代,屏東隘寮墾區的原住民婦女駕著只有後輪的「山地式」牛車,幼女坐在後頭,小牛走在前頭,一旁是美國人。

歸到倨
平地个家

1962
屏東瑪家飛地

我的家在哪裡？這對原住民夫婦趕著車，為了躲避即將來到的大雨趕路回家。他們一起走向無垠的平野，這個方向對嗎？原住民不是住在山上嗎？

屏東平原的雷陣雨氣勢磅礴，夏日午後來自台灣海峽的豐沛水氣，一登陸就撞上三千公尺的高山，迅速在平原上空囤積。原本一片晴空，半個小時內可以烏雲萬里，雲層低得好像伸手就摸得到。終於等到一聲雷響，大雨就像用臉盆倒的一樣。

看到這種黑雲，一定得趕緊回家。山上的雲形態和平地不同，雨的下法也不同。現在搬下山了，得要適應這種平地生活才行。照片中主角腰上繫著的已是鐮刀而非「番刀」了，他的太太跟在後面，頭頂纏著花布，背上揹著孩子。兩夫婦顯然都得下田工作，且把襁褓中的嬰孩帶在身邊。他們的牛車還是「山地式」的，由兩頭黃牛共駕一軛，車子只有後輪沒有前輪，而且直徑很小。這一切的設計原本是為了適應山上的陡坡和急彎，如今在這片平原上反而不適用。

隘寮山地村的居民們，前腳踏入平地，後腳跟還留在山上。要變成平地人，仍有漫長的道路⋯⋯。

1962 年，屏東隘寮原住民墾區的一家人，在暴雨將至前，趕路回家。

買衣

1970 年代
屏東來義

老公、小孩、我自己。全家大小的衣服這裡都有賣！這位原住民太太身穿傳統服飾，似乎正猶豫著是否該採購新款式呢！

仔細一想，身上穿的這件衣服當年也是來自平地，哪裡是祖先穿的「傳統服飾」呢？大家對於原住民的「傳統」，定格在人類學家上山調查的當時。專家學者們記錄所見所聞，並且訪問族人記憶所及的有限過往，然後透過文字與影像記錄下來，本來也就只是反映某個時間點的現況罷了。其實文化是變動的，硬要原住民停留在某個時代的「傳統」上，是平地人一廂情願的想法。

就拿衣服來說吧。早在清代，漢番交易的主要物資就是鹽和漢人的藍染布。原住民以山產和漢人交換藍染布，穿起來舒適又美觀，慢慢就取代了原始的服飾了。南台灣原住民和平地人接觸早，很快就拋棄原始的織布方式，直接仰賴「進口」就好了。同理，北台灣的泰雅族和平地隔閡深，交易量稀少，因此保留了豐富的「織布文化」。等到 20 世紀那些日本人類學家入山時，屏東山區的原住民早就普遍穿著漢布裁製的衣服，尤以女性為然。

清代依賴通事媒介，日本時代則規定到警察開設的交易所交易，畢竟都不方便。現在原住民下山了，小販直接到村莊內擺攤子賣衣服，琳瑯滿目真不知該挑哪件好啊！

1970 年代，一名排灣族原住民婦女，在來義鄉村裡的成衣攤前打量各色衣物。

偓也係
平地人

1962
屏東內埔

黝黑的膚色加上濃眉大眼，一看就知道這是原住民小孩。

「看帽子就知道我是中村國小的，放學後帶著我們家的牛來吃草，請問你拍我幹麼？」

中村國小位於隘寮墾區的「中村」，1954 年 9 月開辦，原本是瑪家鄉北葉國小的分校，校本部還在高山上，直到 1958 年才獨立為中村國民學校，1975 年改稱三民國小。中村國小的學童來自北村、中村與南村，全部都是原住民小孩。他們全部都住在「平地」，所以請不要叫他們「山地人」。

1965 年縣政府正式將隘寮墾區劃歸瑪家鄉，在法律及行政上屬於山地鄉，成為「坐落平地上的山地」。今天北村又稱「玉泉社區」，中村又稱「三和社區」，居民皆為排灣族。至於南村則為魯凱族聚居地，又稱「美園社區」。在行政上，三個社區合為「瑪家鄉三和村」。三和村是一個封閉的區域，有如一座孤島，四周被長治、鹽埔和內埔三個平地鄉團團包圍，但卻屬於完全不相鄰的瑪家鄉管轄，這種情況在地理學上稱為「飛地」。三和村是從瑪家鄉「飛」出去的領地，也是全台灣面積最大的一塊飛地。

所以啦，照片中這位小男孩，他可是把牛遠從「山地」牽到「平地」吃草的，費時僅僅三分鐘！

1962 年，隘寮墾區內的原住民學童，放學後成了牧童，帶著家裡的大黃牛來到堤防下吃草。

山寨版
牧童
騎牛圖

1966
屏東內埔

好一幅牧童騎牛圖!

仔細一看,這些都是黃牛,不是水牛。再仔細看看牧童,他們都是原住民小孩,不是漢人。這張「山寨版」牧童騎牛圖,人與牛都超乎我們的想像。

水牛比黃牛力氣大,但動作慢。水牛最大的缺點是怕熱,黃牛則沒有這方面的問題。大家印象中常常浸在水中的就是水牛,牠們最大特徵就是又大又長且向後倒鉤的牛角,所以很容易可以確認照片中沒有一隻水牛。清代水牛除了耕田之外,當然也負責拉車。水牛力氣比黃牛大,拉起車來特別有力,但必須忍受那慢吞吞的速度。更糟的是,水牛拉車不適宜行遠,因為路途上不能保證到處有水塘。如果天氣太熱沒有降溫,水牛甚至會被晒死。清代運送甘蔗的水牛車,往往利用夜間行車。冬天產糖季節時,牛車發出的嘎嘎聲響,可以迴盪整個夜晚。

專門運貨的牛車,還是以使役黃牛為主。黃牛好處是速度快,也不用一直幫牠澆水。這張照片中的黃牛,都是為主人拉車的。至於這幾位小男孩,當然就是牠們的小主人。牠們全部來自三和村,也就是位於長治、鹽埔和內埔三個平地鄉之間的隘寮山地墾區。牠們的主人除了種植旱作之外,也常常回到山上載運竹子、相思木下山販賣。因此,黃牛是家裡最重要的生產工具。

「牧童騎牛圖」原本是純正漢文化的產物,重點在表現農業社會的悠閒自得。進入 20 世紀後,牧童騎牛的場景在台灣快速消失,到了1960 年代已經很難見到了,只剩下學校裡「放牛班」還保留著。耕地上的工作由農業機械取代,水牛只能失業。

最後,攝影師找到隘寮堤防上,按下快門,成就這幅「似是而非」的牧童騎牛圖。

1966 年,遼闊的隘寮溪溪埔上,一群附近墾區的原住民小男孩放牛吃草,大夥兒在牛背上說笑聊天。

客家……
𠊎來吧！

1966
屏東鹽埔

即使下山了，原住民小孩頑皮好動的性格也沒有改變，就這樣兩腳踏在牛背上，張開雙手叱牛前進。

打從 1736 年（乾隆元年）客家人從里港武洛遷居美濃開始，武洛溪以北這一大片荒野不斷吸引各路拓荒者前來，在清代有客、閩、平埔族，甚至歸順下山的高山族；日本時代有渡海而來的日本農民，也有桃竹苗南下的「台北客」；光復後有外省榮民、大陳義胞、滇緬義胞，加上照片中這群孩子的排灣族與魯凱族們。小小一片荒野，兩百多年來竟吸引來這麼多族群，大家都是離鄉背井，誰不是「客家」呢？

這塊荒野上最安全最肥沃的土地，當屬北邊山腳下的美濃了。當年客家先民從武洛向北拓荒，可以對中間 15 公里上萬甲的土地視而不見，非得直驅北邊盡頭的美濃才落戶，就是因為這個原因。當客家人在美濃站穩腳跟後，第二個成功的高樹墾區也以客家族群為主。客家人在這裡安穩發展了將近百年，到了 19 世紀初新移民才對客家造成威脅與排擠，進而爆發多次閩、客、平埔族間的械鬥衝突。進入 20 世紀，現代政府採用新科技創造新生地、開發新水源，此後進駐的新族群不必向舊居者爭奪資源，族群衝突漸漸化解。

自古及今，客家向來是這片荒野上最強勢的族群，也是最有資格稱「主」的。客家人來得早，日久他鄉早成故鄉。相反地，其他後到的族群才是「客」。這些「新客」們的故鄉，從三千公尺的高山到平地，從海島到內陸，甚至幾千公里外都有。他們的故鄉比客家原鄉的閩粵贛山區還遙遠，來此開荒的過程更曲折，也更多無奈。

拓荒的結果，「新客」們多半失敗。且不談被遣返的日本移民，光復之後的榮民、滇緬、大陳、高山移住等族群，順利安居樂業的都是少數。他們要不是留在此地過貧窮生活，就是遷居外地再也不回來了。

主與客原本就是相對的，這裡的歷史就是活生生的見證。

1966 年，三、五個原住民小男孩在隘寮墾區放牛，遠方層疊起伏的大山，就是他們以前的家鄉。

劉安明
年表

1928	出生於屏東郡海豐庄，父劉長興，母利海妹。
1935	入學「海豐公學校」。
1940	「海豐公學校」畢業。
1942	於潮州街由大哥擔任店長的「本多寫真分館」學習專業攝影。
1943	於日本人本多先生所開設的「本多寫真館」做暗房、外景攝影工作。
1944	考入日本少年兵，待補期間曾在屏東飛行場目送前輩飛士執行「神風特攻隊」任務赴死。再考入日本陸軍經理部。大哥照相館遭美軍轟炸。
1945	在日本陸軍經理部擔任補給工作至光復，年末歸鄉。
1946	待任屏東市政府臨時員，負責公文收發工作。
1947	發生二二八事件。轉職美國陸軍顧問團。
1948	國共內戰激烈，陸軍顧問團裁撤，改調陸戰隊駐台顧問團工作，不久後辭職。
1949	失業在家，耕田養鴨。
1950	再回內埔大哥經營的照相館學習修片、製片、棚內燈光等技術。
1951	到左營永光、麗光，以及鼓山清影照相館當攝影師傅。
1952	在高雄永安照相器材行任攝影師傅。
1953	在屏東市天成照相館擔任攝影師傅。
1954	認識蔡高明，從此開始鄉土紀錄攝影。任岡山清影照相館攝影師傅。
1956	與邱玉美小姐結婚，回屏東中正路開業「真藝攝影」。積極展開鄉土紀錄攝影。
1957	長子向益出生。與同好籌組「屏東縣攝影學會」，在屏東市民生路狀元樓召開成立大會。
1959	參加日本「櫻花」攝影賽入賞。長女真如出生。
1960	前往里港進行生態紀錄攝影，歸途發生嚴重車禍重傷。「真藝攝影」遷移至屏東市中華路。參加日本「櫻花」攝影賽入賞。參加中國攝影學會全國攝影賽獲佳作。
1961	張士賢發起籌組「台灣攝影協會」。參加台北市照相機器材公會主辦「夏日」專題攝影比賽，榮獲高級組第一名。參加日本「寫壇」攝影賽特選。參加 AGFA 攝影賽入選第五位。
1962	購買第一架單眼相機 Pantax SV。
1964	年末張達銘老師來訪，傳達與東港幾位同好籌組攝影會事宜。
1965	攝影會成立於潮州嚴俊餐廳，定名「屏東單鏡頭攝影俱樂部」，林慶雲任總幹事，劉安明任學術召集人。
1966	參加大華盃攝影賽，榮獲年度總計分銀像獎。參加日本「富士」專業人像攝影賽入賞。
1967	會員李鳳雄輪辦例會活動於三地門，李安東同好不幸跌落山谷身亡。
1970	參加日本第二屆 Pantax 世界攝影賽，獲銅賞。

| 1971 | 好友劉辰旦以政治犯被捕入獄，心灰意冷燒毀部分記錄社會破敗現象的底片，並以「劫」作品為紀錄，刊在《往日情懷》第二冊《迹》38頁。 |

1971　好友劉辰旦以政治犯被捕入獄，心灰意冷燒毀部分記錄社會破敗現象的底片，並以「劫」作品為紀錄，刊在《往日情懷》第二冊《迹》38頁。

1973　「真藝攝影」遷移至屏東市民生路56號。

1976　好友劉辰旦獲得釋放，拍下「釋」為紀錄，刊在《往日情懷》第二冊《跡》105頁。

1977　於萬安山區從事造林，遭賽洛瑪颱風侵襲山崩全毀，結束造林事業。為紀念同好李安東，特舉辦「安東盃」全省攝影比賽，邀請鄭桑溪做評選顧問。

1978　與黃清江、林慶雲等十人成立「黎明影展」第一屆展出。

1979　年終大會有感組織內部已經變質，決定退出「單鏡頭」，從此不再參與會務。

1981　參加日本「二科展」寫真部連續三年入選參展。參加「鄉土文化攝影群」舉辦「鄉土影展」。

1982　參加由徐清波、鄭桑溪等創立的「鄉土文化攝影群」舉辦之「鄉土影展」，於台北國立歷史博物館、台中文化中心、高雄中正文化中心等巡迴展出。

1987　張照堂來訪，擬出版台灣紀實攝影集。作品於《光華》雜誌連載，後集結出版《影像的追尋——台灣攝影家寫實風貌》。

1988　作品於《台灣新聞報》的「鏡頭講古」與《人間》雜誌的「台灣客家」系列連載。中興大學藝術中心收藏兩件作品。

1990　作品刊載於《讀者文摘》的「影像尋源」。

1991　應邀至屏東縣立文化中心舉辦個人攝影作品展，並出版《往日情懷——劉安明攝影集》。

1992　作品於《台灣新聞報》的「萬象版」系列連載。

1993　作品於豐年社《鄉間小路》雜誌連載。作品刊登於《光華》雜誌「客家細妹」。

1994　應邀至屏東縣立文化中心舉辦「劉安明攝影巡迴展」，並出版《往日情懷——迹》。

1995　作品刊載於中國時報主編《台灣戰後五十年——土地・人民・歲月》攝影集。作品刊載於第四屆裕隆藝文季《客家采風錄》作品集並舉辦巡迴展。與李秀雲同獲法國巴黎中華文化中心客家文物展邀展。

1997　作品刊載於台灣省文獻會主編之《展讀歷史・典藏歲月》攝影集。

1998　台灣省立美術館收藏三件作品。作品參加台北市政府民政局主辦《看見原鄉人》攝影展，並刊載於專輯。

1999　應邀至屏東縣立文化中心舉辦「疼惜咱的海」個展，並出版攝影專輯。

2000　高雄市立美術館收藏三件作品。至2006年台中國立台灣美術館共收藏六件作品。

2002　在屏東縣文化局舉辦「劉安明七五回顧展」。

2004　台北市立美術館收藏十件作品。

2009　「行政院客家委員會客家文化發展中心」於其籌備階段時完成「20世紀（1975年之前）臺灣客籍攝影家調查暨數位典藏計畫——劉安明部分」。

2012　《定格美濃・劉安明》出版。

圖版索引

以下所列本書攝影家圖片，選自「20世紀（1975年之前）臺灣客籍攝影家調查暨數位典藏計畫」，此計畫為「行政院客家委員會客家文化發展中心」於其籌備階段時於民國97至98年期間委辦之計畫，共完成劉安明等11位客籍攝影家共約47000張圖檔及後設資料之數位化工作，相關成果已彙整至「臺灣客家文化中心典藏管理系統」。

圖片下方標示依序為本書頁碼，及「20世紀（1975年之前）臺灣客籍攝影家調查暨數位典藏計畫」圖檔檔號。

P9
thcc-hp-lam02888

P10
thcc-hp-lam02458

P10
thcc-hp-lam00955

P10
thcc-hp-lam02984

P11
thcc-hp-lam01469

P12
thcc-hp-lam05400

P12
thcc-hp-lam01314

P13
thcc-hp-lam04968

P14
thcc-hp-lam02031

P15
thcc-hp-lam00514

P16
thcc-hp-lam00874

P17
thcc-hp-lam00749

P18
thcc-hp-lam01265

P19
thcc-hp-lam00595

P20, P51
thcc-hp-lam01685

P23
thcc-hp-lam00094

P24
thcc-hp-lam00119

P27
thcc-hp-lam00286

P29
thcc-hp-lam00296

P31
thcc-hp-lam00476

P33
thcc-hp-lam00477

P35
thcc-hp-lam00804

P37
thcc-hp-lam00820

P39
thcc-hp-lam00996

P41
thcc-hp-lam01668

P43
thcc-hp-lam01664

P44
thcc-hp-lam01591

P44
thcc-hp-lam01603

P45
thcc-hp-lam01661

P46
thcc-hp-lam01667

P46
thcc-hp-lam01662

P47
thcc-hp-lam01630

P48
thcc-hp-lam01683

P49
thcc-hp-lam01612

P49
thcc-hp-lam01637

P50
thcc-hp-lam01641

P50
thcc-hp-lam01652

P52
thcc-hp-lam01647

P52
thcc-hp-lam01629

P53
thcc-hp-lam01658

P55
thcc-hp-lam02848

P55
thcc-hp-lam02849

P55
thcc-hp-lam02850

P57
thcc-hp-lam02855

P59
thcc-hp-lam02770

P61
thcc-hp-lam04030

P63
thcc-hp-lam04250

P65
thcc-hp-lam02302

P67
thcc-hp-lam04070

P69
thcc-hp-lam04098

P71
thcc-hp-lam04089

P73
thcc-hp-lam04880

P75
thcc-hp-lam04884

P77
thcc-hp-lam02966

P79
thcc-hp-lam02185

P81
thcc-hp-lam05048

P83
thcc-hp-lam05066

P85
thcc-hp-lam05071

P87
thcc-hp-lam05107

P89
thcc-hp-lam05154

P90, P145
thcc-hp-lam00492

P93
thcc-hp-lam03760

P95
thcc-hp-lam03640

P97
thcc-hp-lam03648

P99
thcc-hp-lam03684

P101
thcc-hp-lam03799

P103
thcc-hp-lam03742

P105
thcc-hp-lam03800

P107
thcc-hp-lam03823

P109
thcc-hp-lam03829

P111
thcc-hp-lam03879

P113
thcc-hp-lam03694

P115
thcc-hp-lam03987

P117
thcc-hp-lam04018

P119
thcc-hp-lam04192

P121
thcc-hp-lam04235

P123
thcc-hp-lam04871

P125
thcc-hp-lam05013

P127
thcc-hp-lam05008

P129
thcc-hp-lam05011

P131
thcc-hp-lam04992

P133
thcc-hp-lam04799

P135
thcc-hp-lam04294

P137
thcc-hp-lam04681

P139
thcc-hp-lam00252

P141
thcc-hp-lam00007

P143
thcc-hp-lam00012

P147
thcc-hp-lam03946

P149
thcc-hp-lam04181

P151
thcc-hp-lam04190

P153
thcc-hp-lam02039

P154, P159
thcc-hp-lam03105

P157
thcc-hp-lam01037

P161
thcc-hp-lam01884

P163
thcc-hp-lam00151

P165
thcc-hp-lam00245

P167
thcc-hp-lam00188

P169
thcc-hp-lam00239

P171
thcc-hp-lam00482

P173
thcc-hp-lam00883

P175
thcc-hp-lam03120

P177
thcc-hp-lam03053

P179
thcc-hp-lam03062

P181
thcc-hp-lam00765

P183
thcc-hp-lam00947

P185
thcc-hp-lam00185

P187
thcc-hp-lam05368

P189
thcc-hp-lam00704

P191
thcc-hp-lam00240

P193
thcc-hp-lam00206

P195
thcc-hp-lam00212

大武山下
的彩虹

黃智偉

屏東好遙遠啊！

高一春假到屏東去玩，從台北出發，到那兒感覺這就是天的盡頭了。隔年再去屏東，見到傳聞已久的高屏大橋「火車走公路」奇景，也看到漏夜排隊等過橋的蔗渣列車群，披星戴月的火車司機躺在露天車廂上睡覺。不久後颱風吹斷此橋，高屏溪以北各糖廠的蔗渣就再也無法送到屏東造紙了。在橋上，當然也看到了鴨子大軍為河床鋪上雪白地毯。對於一個台北的高中生來說，屏東真是充滿奇蹟的地方。

大三那年寒假，東港線鐵路即將停駛。為了趕「送終」，又跑了許多趟屏東。從火車車窗外看到一望無際的檳榔，竟然種在平原的水田上，嘖嘖稱奇。當然也不會漏掉媒體爭相報導的林邊地層下陷，這是不可不看的「屏東名勝」。水田失去秧苗，穀倉和碾米場也成了廢墟；加上空蕩蕩的菸樓，都是探險的好去處。

下部隊第一天到花蓮報到，營區留守人員告訴我大家都「下東港」去了。於是連夜坐火車繞了大半圈台灣，次日午前趕到東港報到。一下部隊就立刻基訓，日子真是悲慘又悽涼。營區內到處都是日本兵的鬼怪傳說，營區外宣傳車喊得聲嘶力竭。時逢伍澤元、蘇貞昌競爭縣長寶座，雙方陣營互相攻擊清算，迅速補充我對屏東現況的基本認識：沿山公路、三合一、毒龍潭，種種農村凋閉與民眾長年累積到莫名所以的各種憤怒。

二個月的基訓，見識到大鵬灣水上基地、滿牆滿地彈孔好像太平洋戰爭尚未結束、潮州空降場老母雞「放屎」（C119 運輸機載傘兵跳傘）、枋山靶場對空射擊、九曲堂後勤基地散布農村丘陵、空地對抗捍衛雙園大橋與林園工業區。不管走到哪，大武山總是若即若離、飄邈卻又真實兀自聳立。從東港回花蓮，人員槍炮彈藥第一次行駛嶄新的南迴鐵路，看盡台灣海峽到太平洋的風景。於是，我決定一放假就要再來屏東。

屏東永遠有新鮮事。美濃竹子門神社保留完整，戳破了桃園忠烈祠是「唯一存在」的說法。林邊溪撐竹筏出海，才知道抽水管如何攫取西施舌。山腳沖積扇原住民牧牛的畫面，還有傳說中日本人蓋的二峰圳攔水「潛壩」。我驚訝台糖林邊溪古老的活化石木橋，每年產糖期結束就解體晾在溪埔。更不可思議的是老埤那裡鐵路過河，竟然連橋都不用蓋，直接堆土截斷東港溪。趴在溪埔的西瓜堆裡，看著火車從中劃破地天一線，不由得好奇屏東過去三十年的遭遇。從基隆到高雄早已消失不存的人事物，怎麼都還活在屏東呢？高屏溪到底有多寬？不僅隔絕空間、還能隔斷時代？

緊接著，賀伯颱風重創中南部，高屏地區危橋處處，直到 2000 年高屏大橋戲劇性崩落為止。沉寂溪底的多座過水橋，竟然一個個甦醒，人馬雜遝。冒煙將近一世紀的糖廠，一座一座熄火，連天下第一的屏東糖廠也不能倖免。旗山廠內英國原裝進口的機械上，鑄鐵浮塑的年代 1911 及原廠名號，象徵著屏東邁入現代的第一步，依舊孤芳自賞難以抹滅。南州廠所屬的無盡蔗田，那驚人的噴水灌溉系統，是公園草皮噴水器的千萬倍放大版，竟也跟著走入歷史。半徑數公里的強力水柱所製造出的人工彩虹，規模大到幾可亂真，襯著背景大武山；這種難以言喻的絕妙風景，再也無福目睹沉醉了。終於，2009 年八八水災，連山川都面目全非了。

水災後回到屏東「認屍」，那些橋的屍體、房屋的屍體，工廠的屍體、溪埔的屍體、懸崖峭壁的屍體，都靜靜躺著。只有樹木不甘願，被高屏溪衝出外海好幾公里的漂流木，趕在「頭七」之前循序魚貫鑽回港口和潟湖，不肯離去。

巡視一輪，已經過了大半年。有一天，遠流台灣館的編輯找我去看「客籍攝影家作品數位典藏計畫」的成果。在其中劉安明拍攝的六千多幅影像中，赫然看到那些我見過的、想見卻無緣見到的，那些高屏種種。為了這些高屏種種，我願意幫他們發聲，盡我所知、說出影像中的那些故事……。

【參考書目】

《往日情懷──走過屏東三十五年》，蘇解得總編；蔡東源、陳添福撰稿；劉安明攝影，屏東：屏東縣立文化中心，1991。

《往日情懷──迹 劉安明攝影集》，屏東：屏東縣立文化中心，1994。

《疼惜咱的海──劉安明攝影集》，屏東：屏東縣立文化中心，1999。

《鄉土‧生活 劉安明》，林磐聳著，屏東：屏東縣文化局，2001。

《親吻土地──劉安明攝影紀實》，屏東：屏東縣政府客家事務局，2006。

國家圖書館出版品預行編目（CIP）資料

定格美濃．劉安明 / 劉安明攝影；黃智偉撰文
.-- 初版 -- 苗栗縣銅鑼鄉：客委會客發中心
, 2012.01
208 面； 24X19 公分 .--（客庄生活影像故
事；6）
ISBN 978-986-03-0487-9（平裝）
1. 客家 2. 生活史 3. 照片集 4. 高雄市美濃區

536.211/7   100025332

客庄生活影像故事 6
定格美濃
劉安明

攝影：劉安明
撰文：黃智偉
審訂：陳運棟、陳板、鄭林鐘

出版者：客家委員會客家文化發展中心
發行人：傅兆書
行政執行：何育興、麥杰安、陳韻如
地址：苗栗縣銅鑼鄉九湖村銅科南路 6 號
電話：037-985558

製作發行：遠流出版事業股份有限公司
發行人：王榮文
編輯製作：台灣館
總編輯：黃靜宜
主編：張詩薇
編輯：李淑楨
美術設計：雅堂設計工作室
繪圖：官月淑
企劃：叢昌瑜、葉玫玉
行銷：鄭明禮、李立祥

諮詢委員：鍾鐵民、范文芳、邱彥貴

台北市 100 南昌路二段 81 號 6 樓
電話：（02）2392-6899
傳真：（02）2392-6658
郵政劃撥：0189456-1
著作權顧問：蕭雄淋律師
法律顧問：董安丹律師
輸出印刷：中原造像股份有限公司
2012 年 1 月 初版一刷
ISBN 978-986-03-0487-9
GPN 1010100019
定價 380 元
行政院新聞局局版臺業字第 1295 號

YL遠流博識網
http://www.ylib.com E-mail: ylib@ylib.com